Cuando no sabes QUÉ ORAR

100 ORACIONES ESENCIALES PARA SOBRELLEVAR LAS TORMENTAS DE LA VIDA

CHARLES F. STANLEY

GRUPO NELSON

Desde 1798

Cuando no sabes
QUÉ ORAR

CONTENIDO

Sección 1
ORACIONES PARA CUANDO
LAS EMOCIONES TOMAN EL CONTROL

Sección 2
ORACIONES PARA CUANDO
LA VIDA ES DIFÍCIL

Sección 3
ORACIONES PARA CUANDO
OTROS NECESITAN AYUDA

Sección 4

ORACIONES PARA CUANDO
NOS SENTIMOS LLAMADOS

INTRODUCCIÓN

De la misma manera, también el Espíritu nos ayuda en nuestra debilidad. No sabemos orar como debiéramos, pero el Espíritu mismo intercede por nosotros con gemidos indecibles. Y Aquel que escudriña los corazones sabe cuál es el sentir del Espíritu, porque Él intercede por los santos conforme a la voluntad de Dios.

—ROMANOS 8:26-27

La oración es el don maravilloso que nos conecta con el Dios vivo, con el que puede, por Su sabiduría, Su poder y Su amor, ayudarnos a superar lo que sea que enfrentemos.

Sabemos que Dios está con nosotros y Él espera que nos acerquemos a Su trono y que presentemos nuestros corazones agobiados a Su cuidado. Hemos aprendido esto como un principio que se enseña en las Escrituras, como lo que se supone que debemos creer con nuestras mentes y corazones. El problema es que, a veces no lo *sentimos*, no estamos seguros de si lo que expresamos marcará la diferencia para el Señor. Queremos confiar en Él, queremos que Él intervenga en nuestras circunstancias. Sin embargo, pueden tomar el control nuestras dudas e inseguridades sobre nuestros fracasos y limitaciones. Así que tenemos dificultades incluso al saber qué decirle a Él.

En estos tiempos, a veces nos podemos sentir algo perdidos sobre cómo expresar a Dios toda la profundidad de nuestros deseos o sentimientos. Quizás nos damos cuenta de que no entendemos por completo lo que verdaderamente necesitamos, mucho menos cómo verbalizarlo. Incluso puede haber momentos cuando estamos tan exhaustos y confundidos, en espíritu, en mente y en cuerpo, que apenas podemos encontrar la energía para abrir nuestras bocas. Quizás el desánimo se ha apoderado de nosotros con tanta fuerza que no podemos imaginar una salida a nuestras dolorosas circunstancias, y lo único que podemos hacer es suplicar al Padre que nos ayude.

Afortunadamente, las Escrituras nos prometen que el Espíritu Santo nos ayuda en esos momentos (ver Romanos 8:26-27). Además, yo creo eso con todo el corazón. Sé que el Espíritu Santo nos enseña cómo orar y qué pedir en oración según lo que el Padre desea para nosotros. Ten la seguridad de que el Señor mismo te ayudará a comunicarte con Él. Él quiere una relación así de profunda contigo y que encomiendes tu vida a Su cuidado.

Mi oración es que este libro te ayude a ver cómo obra el Espíritu Santo a través de la Palabra de Dios para comunicarse contigo, para que te motive a orar de acuerdo con Él y que superes los obstáculos que enfrentas al caminar con el Salvador. Este libro de ninguna manera pretende ocupar el lugar de Dios en tu vida. Por tanto, por favor, no esperes que estas sean oraciones mágicas o una guía sobre cómo obtener lo que quieres del Señor. Por el contrario, la meta es que escuches a Jesús, para conocerlo mejor y amarlo más en las diversas áreas donde estés sufriendo una adversidad.

Cuando te cueste saber qué decirle a Dios, considera estas palabras como un ejemplo de cómo abrir tu corazón y expresarte a Él. A medida que leas estas oraciones, domínalas. Escucha lo que el Señor Dios está diciendo. Cuando las Escrituras vienen a tu mente, también repítelas en oración. Permite que Dios te hable, te sane y te guíe en el camino que debes recorrer. Aprende a hablar e interactuar con el Salvador. Asimismo, deseo que experimentes el gran gozo y el profundo consuelo de confiar en Él durante todas las tormentas de la vida y la impresionante victoria de ganar tus batallas de rodillas con Él.

Señor Jesús, cuán agradecido estoy por el privilegio de la oración, por la capacidad de comunicarme contigo en todo momento. Ayúdame a orar y tener la seguridad de Tu salvación y Tu presencia. Eres mi Salvador ahora y para siempre. Tú prometes en Tu Palabra que nada me podrá separar de Tu amor (Romanos 8:38-39). Me has asegurado que cuando Te busque, Te encontraré; que cuando ore, me escucharás. Gracias por estar siempre conmigo. Cuán agradecido estoy de que me hayas mostrado cómo depender de Ti durante las adversidades y las dificultades de la vida, y por la maravillosa profundidad de Tu consuelo y Tu cuidado.

Creo en Ti, Señor Jesús; ayúdame en mi incredulidad. Necesito confiar más en Ti, saber que no es la elocuencia de mis palabras, sino la profundidad de Tu gran amor y provisión la que le da poder a mis oraciones. Así que, enséñame a orar, Señor Jesús. Enséñame a estar en constante comunión contigo.

Ora a través de mí, Espíritu Santo, dame las palabras que expresarán mi corazón y exaltarán al Señor mi Dios. Trae a mi mente las Escrituras que pueda clamar. Ayúdame a conocerte y amarte más, mi Salvador. Háblame, sáname y guíame para caminar en el centro de Tu voluntad. Gracias, Señor, por ayudarme a escuchar lo que estás diciendo y por ver cómo estás obrando en estas circunstancias.

En el nombre de Jesús, te lo pido. Amén.

CUANDO QUEREMOS
aceptar a Jesús como nuestro Salvador

Si confiesas con tu boca a Jesús por Señor, y crees en tu corazón que Dios lo resucitó de entre los muertos, serás salvo.
—ROMANOS 10:9

Señor Jesús, vengo ante Ti con humildad y arrepentimiento, y comprendo que no hay forma de que yo pueda pagar por mis pecados ni ganarme el camino hacia una relación con Dios. Entiendo que mis buenas obras nunca serán suficientes. No obstante, dices en Tu Palabra que me ofreces la salvación como un don de gracia que puedo aceptar por fe (Efesios 2:8-9). Por lo tanto, Señor Jesús, por fe acepto Tu muerte en la cruz como el pago suficiente por mis pecados y el camino para reconciliarme con el Padre.

Señor, confieso que he quebrantado Tus santas leyes y no cumplo con los propósitos para los cuales me creaste. Perdóname de mis pecados y sálvame de la separación eterna de Ti. Jesús, Te recibo como mi Salvador personal y Señor y confío completamente en la obra que has realizado una vez y para siempre en mi lugar mediante Tu muerte y resurrección.

Gracias, Jesús, por permitirme conocerte y por tener vida eterna. Gracias por salvarme, aceptarme y adoptarme en Tu familia. Gracias por darme el Espíritu Santo para que more en mí, me guíe en Tu verdad y me selle para el día de la redención.

1

Jesús, ayúdame a vivir una relación personal e íntima contigo a partir de ahora y a confesarte como mi Señor al obedecer lo que pidas. Dame la fortaleza, la sabiduría y la determinación para caminar en el centro de Tu voluntad desde ahora en adelante. Gracias por escuchar mis oraciones y por amarme incondicionalmente.

En el nombre de Jesús, te lo pido. Amén.

ANOTA TU DECISIÓN

Si acabas de aceptar a Jesús como tu Salvador, anota tu decisión para que nunca dudes de que Jesús verdaderamente te ha dado la vida eterna y un hogar en el cielo para siempre:

Yo, _____, acepté a Jesús como mi Salvador y Señor
[nombre]

el _____ y nada me podrá separar nunca más
[fecha]

de Su amor (Romanos 8:38-39).

Sección 1

ORACIONES PARA CUANDO LAS EMOCIONES TOMAN EL CONTROL

CUANDO TENEMOS
miedo

No temas, porque yo estoy contigo;
No desmayes, porque yo soy tu Dios
que te esfuerzo;
Siempre te ayudaré,
Siempre te sustentaré con la diestra de mi justicia.
—ISAÍAS 41:10, RVR1960

Padre, cuán agradecido estoy por Tu inmenso amor y porque estás conmigo en este momento cuando necesito el consuelo que solo Tú puedes darme.

Tengo miedo. Tengo mucho miedo. No obstante, Tú conoces todo sobre mis temores, cuánto me afectan, dónde se originan en mi corazón y mi mente y cómo finalmente me paralizan de avanzar por caminos importantes. Gracias, Padre, por ayudarme a superar mis temores y ofrecerme Tu paz y seguridad.

Padre, es asombroso cómo situaciones como las que estoy enfrentando pueden derribarme y desequilibrarme. Sé que eso sucede porque me siento débil y asustado cuando me falta control. Sin embargo, reconozco que cuando lucho con esos miedos, en el fondo existen por lo que creo acerca de Ti. Estoy centrado en mí mismo y en los desafíos en lugar de centrarme en Ti. Por lo tanto, revélame, por favor, la raíz de mis temores y por qué existen. Señor, quita las mentiras que creo y los problemas que impiden que acepte completamente quien eres. Continúa dándome las fuerzas y la valentía mediante Tu Palabra.

Confórtame con Tu cercanía y tranquilízame con Tu presencia constante. Enséñame sobre quién eres para que pueda mantenerme firme contra los temores y declarar por fe: «¡Mi Dios es más sabio, más amoroso y más poderoso que cualquier problema que pueda enfrentar!». Ayúdame a centrarme en Tu carácter infalible y Tus principios vivificantes para que pueda ser valiente, una persona que obedece y que es agradable delante de Ti en todo sentido.

Padre, estoy agradecido porque Tu deseo es que yo sea libre y no dejarás que permanezca en la esclavitud: no deseas que sea esclavo de mis temores. Anhelas que disfrute la vida abundante que creaste para mí. Por lo tanto, Tú sacas a la luz mis temores para liberarme de ellos y que yo sea libre.

Así que dispondré mi corazón a creerte y diré cómo David:

> En el día que temo,
> Yo en ti confío.
> En Dios alabaré su palabra;
> En Dios he confiado;
> No temeré;
> ¿Qué puede hacerme el hombre? [...]
> En Dios he confiado;
> No temeré;
> ¿Qué puede hacerme el hombre? [...]
> Porque has librado mi alma de la muerte,
> Y mis pies de caída,
> Para que ande delante de Dios
> En la luz de los que viven. (Salmos 56:3-4, 11, 13, RVR1960)

Te bendigo y alabo por Tu bondad y la paciencia con que sanas mis heridas. Gracias, Padre, porque puedo tener la victoria sobre mis miedos por ser quien eres y por lo que has prometido. Dijiste que puedo tener confianza porque Tú serás mi Dios, siempre estarás conmigo y me protegerás con la diestra de Tu justicia. Eres el Dios omnipotente y omnisciente que me defiende. ¡En verdad, eres digno de todo el honor, la gloria, el poder y la alabanza! Además, mi alma descansa segura y en paz gracias a Ti.

En el nombre de Jesús, te lo pido. Amén.

CUANDO ESTAMOS
enojados

«Si se enojan, no pequen». No permitan que el enojo les dure hasta la puesta del sol, ni den cabida al diablo.
—EFESIOS 4:26-27, NVI

Padre, dame tranquilidad en el momento en que la ira se apodera de mí. Sé que me pides dejarlo ir y perdonar, pero necesito que me ayudes en eso. Cuán agradecido estoy de que seas paciente, amoroso, bondadoso y perdonador conmigo. Tienes muchas más razones para estar más enojado que yo, pero siempre me miras con compasión, gracia y misericordia. Ayúdame a ser más como Tú, en palabra, en pensamiento y en obra.

Señor, confieso mi ira hoy y te pido, por favor, que limpies mi corazón del resentimiento, la amargura y la herida profunda que siento. Están muy arraigados, Padre, y la fuerza de esos sentimientos me asusta a veces. Sé que esta situación no solo se trata de cómo me hicieron daño o la persona que me lastimó. Tocó un lugar profundo dentro de mí que necesita sanidad, que es la razón por la que las acciones de esta persona me provocaron por completo. Muéstrame dónde se origina este dolor y arráncalo de raíz de mi alma para que no peque contra Ti. Cuando estoy enojado, revélame maneras constructivas y amorosas de lidiar con mis emociones y dame la paciencia y la sabiduría para hacer una pausa y lidiar con lo que realmente está pasando, en lugar de simplemente arremeter.

Ayúdame a perdonar como Tú, Jesús, al saber que puedo confiar en Ti para hacer justicia y traer sanidad en esta situación. Muéstrame

Tu perspectiva divina de esta persona y situación para que pueda tener compasión y extender gracia. Jesús, mientras los soldados romanos Te clavaban en la cruz, dijiste: «Padre, perdónalos, porque no saben lo que hacen» (Lucas 23:34). Sé que ese es el tipo de corazón que me pides tener. Incluso si las personas que me lastimaron saben algo de lo que han hecho, sé que una parte defectiva de ellos no ve por qué cometen esas acciones. Así que Te pido que puedas revelarte poderosamente a ellos y llévalos a una relación más profunda contigo y cura las heridas de sus corazones, y obra en pro de su reconciliación durante esas circunstancias. Padre, por favor, ayúdame a ser como Tú, amoroso y santo, perdonador incluso cuando es difícil, y a entender que esta persona no reconoce la magnitud de sus acciones o el profundo quebrantamiento que los motiva. Dame ojos espirituales para ver de qué manera puedo ser Tu agente de gracia en su vida.

Sé que nada pasa por Tu mano y toca mi vida sin algún propósito. Entonces, ya sea que estés revelando mis heridas o que me estés llevando a perdonar o a enseñarme otras lecciones que me ayudarán a ser más como Tú, por favor, revélamelo, Padre. Quiero aprender todo lo que tienes que enseñarme. Quiero ser una persona de paz y gracia y reflejar el mismo carácter de Jesús. Padre, por favor, ayúdame a entender por qué algunas trampas me atrapan y cómo puedo librarme de ellas. Asimismo, muéstrame, mi Salvador, de qué manera puedo representarte y ayudar a otros a ser liberados de su ira y llevarlos a que pongan su fe en Ti.

En el nombre de Jesús, te lo pido. Amén.

CUANDO ESTAMOS
afanosos

Por nada estén afanosos; antes bien, en todo, mediante oración y súplica con acción de gracias, sean dadas a conocer sus peticiones delante de Dios. Y la paz de Dios, que sobrepasa todo entendimiento, guardará sus corazones y sus mentes en Cristo Jesús.
—FILIPENSES 4:6-7

Padre, vengo ante Ti hoy con ansiedad en mi corazón. Los «¿qué pasaría si...?» me están abrumando. A veces, este desasosiego me ataca de una manera que consume mis pensamientos y me paraliza de seguir adelante. No puedo liberarme de esta aprensión solo. Aunque hay problemas reales que me preocupan y contribuyen a mi aprensión, creo que lo que realmente temo son las oscuras incógnitas que tengo por delante.

Sin embargo, Padre, esto me viene a la memoria y, por lo tanto, tengo esperanza: mi futuro está en Tus manos y nada puede impedir Tus propósitos para mí. Cuán agradecido estoy de que los días venideros te pertenecen a Ti. Gracias por obrar para liberarme de la esclavitud de esta ansiedad al sacar a la luz mis preocupaciones verdaderas. Traigo todos los temores de mi alma ante Ti. Tú sabes lo que realmente me consume y domina mis pensamientos: los mecanismos de afrontamiento y las falsas creencias que me mantienen temeroso. Gracias por revelar esas partes heridas, enfermas y rotas dentro de mí y por Tu amor y Tu gracia liberadora que me dan poder para superarlas, incluso ahora mismo. Gracias por enseñarme la verdad por la cual puedo ser liberado.

Señor, reconozco que, al final, lo que estoy enfrentando es una batalla de fe y que gran parte de los problemas que tengo se reducen a lo que creo sobre Ti. De la misma manera, es posible que parte de mi ansiedad proceda de las interacciones negativas con figuras de autoridad y experiencias a temprana edad que han influido en la manera en que te veo. Padre, deseo saber quién eres realmente. Revélate a mí a través de Tu Palabra. Señor, donde tenga percepciones equivocadas de Tu carácter o intenciones, por favor, expúlsalos. Ayúdame a verte como mi perfecta seguridad, identidad y la meta más alta de mi vida. Sé que, si confío en Ti, nunca me decepcionaré.

Por lo tanto, declaro una vez y para siempre que confío en Ti. Confío en que eres más grande, más fuerte y poderoso que cualquier problema que yo podría enfrentar. Gracias por ser mi Padre, por entender mi situación y preocuparte lo suficiente como para ayudarme en cada circunstancia de la vida. Estoy agradecido de que esta situación me ayudará a conocerte mejor, que Tú siempre me mostrarás qué hacer y que me guiarás de la mejor manera posible. Así que te entrego mis preocupaciones y confío en que ya me has dado la victoria por medio del Señor Jesús. Estoy tan agradecido de que me ames incondicionalmente, has prometido proveerme y tienes la sabiduría y las fuerzas necesarias para liberarme de esta esclavitud de la ansiedad.

Gracias, Padre, porque Tu sanidad en mí ha empezado. No dejes que me aleje de Ti, fortaléceme con Tu valor y restáurame mediante Tu amor y Tu sabiduría. A través de la obra de Tu Espíritu Santo, saca a la luz lo oculto, restaura lo que fue roto y conviérteme en esa persona que planeaste que sería cuando me formaste. Encomiendo mi vida a Tu cuidado amoroso y Tu fiel mayordomía, porque sé que Tú nunca me decepcionaste y nunca me decepcionarás. Te bendigo y te alabo por Tu bondad y la paciencia con la que puedes enseñarme a caminar según Tu voluntad. Te agradezco por darme la paz que sobrepasa el entendimiento en todo lo que me concierne.

En el nombre de Jesús, te lo pido. Amén.

CUANDO ESTAMOS
amargados

Sea quitada de ustedes toda amargura, enojo, ira, gritos, insultos, así como toda malicia. Sean más bien amables unos con otros, misericordiosos, perdonándose unos a otros, así como también Dios los perdonó en Cristo.

—EFESIOS 4:31-32

Padre, mi alma está cargada con amargura. Lo sé por la ira que afecta mi vida y las interacciones con otros. Estoy roto ante Ti, agobiado y derrotado por este resentimiento dentro de mí. Me arrodillo delante de Tu trono y pido por lo que no he sido lo suficientemente fuerte para dar: la gracia. Sé que esta amargura dentro de mí es una grave ofensa delante de Tus ojos y acepto toda la responsabilidad por la falta de perdón que he permitido que viva dentro de mi corazón. Por favor, perdóname, Padre. Enséñame a dejar de lado la culpa de mis heridas. Incluso en los lugares donde siento que mi dolor es válido, ayúdame a dejar de lado las ofensas en mi contra. Envía Tu Espíritu Santo para que me enseñe a perdonar verdaderamente para que pueda ser libre de la esclavitud de la amargura y el resentimiento y ser completamente sanado. Por favor, Padre, restaura las relaciones que han sido dañadas de forma inconsciente debido a mi terquedad.

Me has perdonado de muchas cosas, Jesús. Cuando pienso en todo eso, me siento abrumado por Tu misericordia hacia mí. Te agradezco por Tu sublime gracia. Quiero tener Tu corazón para los demás, para que ellos te vean en mí. Por lo tanto, Señor, aunque es difícil, oro por las personas que me han lastimado. Señor, sé que puedo pensar que entiendo lo que los llevó a hacer lo que hicieron, pero confieso que mi comprensión es incompleta e incluso puede ser incorrecta. Así que, por favor, Padre, abre mis ojos y ayúdame a ver lo que realmente está sucediendo. Muéstrame sus corazones, Padre, las heridas, los malentendidos, y la esclavitud que los mantiene atados, y lléname de Tu gracia para con ellos. Ayúdame a tener misericordia para con ellos y enséñame a demostrarles Tu amor y Tu compasión de una manera que sea significativa y que te glorifique. Atráelos hacia una relación más profunda contigo; sana toda herida en sus corazones y revélate a ellos.

Por favor, restáurame también, Padre. Convénceme de mi propio pecado y enséñame a arrepentirme por completo. No dejes que nada se quede sin examinar en mi vida. Cuando estoy tentado a estar resentido con los demás o cuando caigo de nuevo en la amargura, recuérdame 1 Juan 4:20: «Si alguien dice: "Yo amo a Dios", pero aborrece a su hermano, es un mentiroso. Porque el que no ama a su hermano, a quien ha visto, no puede amar a Dios a quien no ha visto». Tú conoces a cada persona y cada circunstancia que ha afectado mi vida y lo has visto todo. Porque Tú pudiste haber evitado aquello que me lastimó, mi amargura no es realmente hacia los demás; es hacia Ti. Así que, por favor, ayúdame a ver a las personas que me lastimaron como herramientas en Tu mano para bien, para que mi corazón Te conozca mejor, para desarrollar mi vida espiritual y para cumplir Tus propósitos. Hazme más sensible a todo lo que deseas enseñarme.

Padre, gracias porque cuando me tropiezo y me caigo, Tú me levantas. Estoy muy agradecido de que me hayas enseñado a liberarme de la amargura. Ayúdame a vivir una vida digna de Tu nombre. Gracias por ablandar y limpiar mi corazón, por liberarme de la falta de perdón y por llevarme a la restauración de las relaciones que he dañado por causa de mi herida. Gracias por no rendirte conmigo. Sinceramente, nadie es más benévolo, amoroso, misericordioso ni compasivo que Tú.

En el nombre de Jesús, te lo pido. Amén.

CUANDO ESTAMOS
confundidos

Confía en el SEÑOR con todo tu corazón,
Y no te apoyes en tu propio entendimiento.
Reconócelo en todos tus caminos,
Y Él enderezará tus sendas.

—PROVERBIOS 3:5-6

Señor Jesús, confieso que no sé qué hacer y no puedo imaginarme las circunstancias. Hay algo que no comprendo de la situación. No puedo ver Tu mano y las acciones de los demás me han dejado perplejo.

Padre, necesito Tu ayuda. Reclamo Tu promesa: «Y si a alguno de ustedes le falta sabiduría, que se la pida a Dios, quien da a todos abundantemente y sin reproche, y le será dada» (Santiago 1:5). Señor Jesús, necesito Tu generosa sabiduría. Entiendes todas las cosas y ves todos los aspectos de mi dilema, incluso los hechos y las fuerzas que desconozco que existen. Tú ves las dificultades en mi comprensión, los problemas que no veo, el curso perfecto a seguir y cómo esto afectará mi futuro. Tú has formado los corazones de todos los implicados y comprendes todas sus heridas y sus obras.

Pienso en las palabras de Pablo en Romanos 11:33: «¡Oh, profundidad de las riquezas y de la sabiduría y del conocimiento de Dios! ¡Cuán insondables son Sus juicios e inescrutables Sus caminos!». Eso es lo que eres, Señor. Con sabiduría has creado todas las cosas. Tú ves el final desde el principio. Nunca estás confundido. Nunca estás sin perfecto entendimiento, sin importar lo que pase.

Padre, Tú sabes qué hacer. Mis circunstancias no te sorprenden ni te dejan perplejo. Por lo tanto, mi Señor, Salvador, Proveedor y Defensor todopoderoso, ábreme Tu Palabra, haz de ella una lámpara a mis pies y luz para mi camino. Si mis planes chocan con los Tuyos, declaro ahora mismo: «Que se haga Tu voluntad». Si el propósito de este tiempo de confusión es tal que aprenderé a no apoyarme en mi propio entendimiento, sino a seguirte más de cerca, entonces proclamo: «Aquí estoy, Señor. Tu siervo escucha». Si esto es para edificar mi fe, digo: «Creo; ayúdame en mi incredulidad».

Sea cual sea Tu propósito para este tiempo, te busco con todo mi corazón y me entrego a Ti por completo, con toda confianza de que me guiarás en la senda de la vida y en el centro de Tu perfecta voluntad. Gracias por amarme, por darme el entendimiento de esta situación y por mostrarme qué hacer.

En el nombre de Jesús, te lo pido. Amén.

CUANDO ESTAMOS
desanimados

Confiaron, y Tú los libraste.
A Ti clamaron, y fueron librados;
En Ti confiaron, y no fueron decepcionados.
—SALMOS 22:4-5

Jesús, confieso que es en estos momentos cuando se hace difícil encontrar esperanza y seguir perseverando. Sé que siempre debo sentirme seguro del futuro porque Tú estás en mi vida y siempre tienes un buen plan. No obstante, las emociones que estoy experimentando debido a esta decepción son muy grandes; han sacado otras desilusiones sin sanar y lamentos en el fondo de mi corazón que se han amontonado una sobre otra, que empeoran lo que estoy sintiendo ahora. Ayúdame, mi Salvador.

Sé que, en estos momentos, lo mejor que puedo hacer es alabarte. Reconozco que mi enfoque equivocado está causando las dificultades que estoy enfrentando: mi atención está en mis problemas, en lugar de estar en Tu disposición perfecta. Por tanto, fijo mis ojos en Ti, Jesús, el autor y el perfeccionador de mi fe. ¡Eres omnisciente, omnipotente e incluso has vencido la muerte! Nada es demasiado difícil para Ti, incluidos los obstáculos delante de mí. Cuán agradecido estoy por Tu increíble amor y por el plan bueno, agradable y aceptable para mí.

Jesús, te agradezco incluso por este desánimo y sé que lo usas para Tus propósitos. Tú conoces todos mis miedos y los sacas a la luz para que me aferre a Tu paz que sobrepasa el entendimiento, el cual se encuentra en Tu perfecta sabiduría y Tu poder inescrutable. Estoy muy agradecido de que reveles dónde se origina mi desánimo, las falsas creencias y las heridas que lo agravan, para que todo pueda ser completamente eliminado. Gracias por enseñarme a superar las cosas que temo, por darme valor y por llevarme a la victoria.

Por lo tanto, Señor, cuando esté desanimado, inmediatamente llévame a Tu presencia y recuérdame buscarte en oración. Enséñame sobre quién eres. Lléname de valor a través de una relación cada vez más cercana contigo. Revela las promesas de Tu Palabra a las que me pueda aferrar. Fortalece mi fe y transforma mi mente para que pueda mantenerme firme contra las desilusiones y declarar con plena confianza: «¡Mi Dios es más grande que cualquier problema que enfrente y Él me ayudará a superarlo!». Día tras día, enséñame a enfocarme en Tu carácter fiel y Tus principios infalibles. Guíame para que pueda convertirme en una persona de valor y convicción, que te obedezca, te agrade y que llegue a ser todo para lo cual me creaste. Prepárame para alabarte en toda circunstancia, mi Dios. Cuando hable palabras derrotistas de preocupación o de falta de fe, muéstramelo, Señor, para que pueda cambiar lo que estoy expresando. En todos los aspectos, ayúdame a glorificarte siempre con mi conversación.

Gracias, Padre, porque no tengo que ceder a mis desilusiones por ser quien eres y por lo que me prometiste. Dijiste: «No temas, porque Yo estoy contigo; no te desalientes, porque Yo soy tu Dios. Te fortaleceré, ciertamente te ayudaré, sí, te sostendré con la diestra de Mi justicia» (Isaías 41:10). Por lo tanto, inclino mi corazón para armarme de valor y no tendré miedo. ¡Verdaderamente, eres digno de todo el honor, la gloria, el poder y la alabanza! Descansaré en Ti, porque Tú, Padre, eres digno y le das paz a mi alma.

En el nombre de Jesús, te lo pido. Amén.

CUANDO ESTAMOS
de duelo

El Señor ha oído la voz de mi llanto.
El Señor ha escuchado mi súplica;
El Señor recibe mi oración.

—SALMOS 6:8-9

Oh, Señor Jesús, cuán profunda es mi angustia ante esta pérdida. La traigo a Ti, agradecido porque prometes ser parte de mi tristeza y aliviar mi alma. Me consuela saber que comprendes exactamente cómo me siento, ya que Tú experimentaste todo el impacto de la aflicción en Getsemaní. Me identifico mucho con Tus palabras: «Mi alma está muy afligida, hasta el punto de la muerte» (Mateo 26:38).

Duele profundamente, Jesús, y tengo muchas preguntas sin respuestas. Me di cuenta de que no puedo reprimir esta agonía porque eso solo complicará esta situación que ya es difícil. Así que te pido, por favor, que me ayudes a expresar este dolor de manera sana. Confieso que mis emociones están sobrecargadas, mi mente parece estar desconcertada, e incluso mi cuerpo está destrozado por esta pérdida. Estoy bastante cansado y me cuesta asimilarlo todo. No sé qué hacer. No sé cómo seguir adelante.

Padre, dicen que todo esto es normal después de una gran pérdida. Sé que necesito tomarme un tiempo para procesar todo lo que ha pasado. Así que, Señor, por favor, enséñame a ser paciente conmigo mismo y ser firme en aferrarme a Ti. Protégeme de la presión de avanzar demasiado rápido o de esperar más de mí mismo que lo que necesito, especialmente cuando se trata de tomar decisiones importantes. Sin embargo, también, Padre, no permitas que yo ceda a la falta de perdón, a la culpa, al enojo, a la desesperación o a la autodestrucción. Sé que me veré tentado a ahogar este dolor. En su lugar, ayúdame a enfrentarlo con Tu gracia y Tu sabiduría para que yo pueda sanar y aprender de esto.

Padre, ahora mismo, no parece que hubiera mucha luz en mi horizonte, pero me aferro a que siempre puedo esperar en Ti. No sé por qué permitiste este gran dolor en mi vida. Parece tan injusto. Sin embargo, me doy cuenta de que, desde Tu perspectiva celestial, ves una razón importante. Me entrego a Ti en esto: conocer Tu voluntad es bueno, aceptable y perfecto. Así que consuela mi corazón y enséñame, Jesús. Manda a Tu pueblo para que me ayuden y me muestren en quién confiar. Gracias por secar mis lágrimas, por estar cerca de aquellos cuyos corazones están rotos y por salvar a los de espíritu abatido.

Glorifícate a Ti mismo en esta situación, Señor. Si esto puede hacerme más útil para Tu reino o fortalecer mi fe y carácter, o pueda dar lugar a un ministerio para los demás, tendré razones para regocijarme. Gracias por nunca dejarme ni abandonarme. Gracias por escuchar mis oraciones y por consolarme en este momento de necesidad.

En el nombre de Jesús, te lo pido. Amén.

CUANDO ESTAMOS
lastimados

Porque no tenemos un Sumo Sacerdote que no pueda compadecerse de nuestras flaquezas, sino Uno que ha sido tentado en todo como nosotros, pero sin pecado. Por tanto, acerquémonos con confianza al trono de la gracia para que recibamos misericordia, y hallemos gracia para la ayuda oportuna.
—HEBREOS 4:15-16

Señor, vengo ante Ti con un profundo dolor que persiste dentro de mí. Padre, cuán agradecido estoy de que lo sepas todo, de dónde viene y cómo ayudar a mi corazón dolorido. No tengo a dónde ir, sino a Ti. Cuando he tratado de comunicar lo que estoy pasando, otros a menudo simplemente no entienden y a veces incluso me condenan o me critican mientras trato de averiguar lo que está sucediendo. Como sabes, Padre, simplemente no puedo compartir todo sobre este asunto. Hay algunas cosas que no puedo verbalizar por lo profundas que son, por lo privadas que son y por lo que afectan a los demás. Todo me hace sentir tan solo en este dolor.

Aun así, Padre, estoy bastante agradecido porque Tú sabes. Mi alma y mi situación están expuestas ante Ti. Nada se esconde de Tu vista. Gracias por cuidarme en mi angustia, por entenderlo plenamente y por aceptar incluso las partes de mí con las heridas más profundas. Estoy tan agradecido de no tener que sentirme avergonzado en Tu presencia amorosa. Sí, Tú me convences del pecado, pero no para condenarme. Más bien, lo haces para liberarme de todo lo que me mantiene en esclavitud. Estoy agradecido de que Tu deseo es sanarme, Señor.

Entonces, Señor Jesús, mi Sumo Sacerdote, Libertador, Defensor y Gran Médico, examíname y alivia este dolor dentro de mí. Restaura lo que está quebrantado y revélame las maneras de perpetuar esta angustia mediante mis pensamientos, creencias y acciones para poder arrepentirme y buscar Tu perdón. Igualmente, ayúdame a perdonarme a mí mismo y a los demás. Muéstrame dónde he aceptado las mentiras y sustitúyelas por Tu verdad. Me entrego a Ti.

Es hora de una verdadera recuperación, y que sea a través de Ti, Señor Jesús. Gracias por Tu compasión, Tu bondad y Tu amor. Gracias porque siempre puedo acercarme a Tu trono de gracia y encontrar la misericordia y la ayuda que necesito. Gracias, Señor Jesús, porque conoces incluso mejor que yo cómo me siento y siempre estás dispuesto a ayudarme.

En el nombre de Jesús, te lo pido. Amén.

CUANDO ESTAMOS
celosos

Pon tu delicia en el Señor;
Y Él te dará las peticiones de tu corazón.
Encomienda al Señor, tu camino,
Confía en Él, que Él actuará.

—SALMOS 37:4-5

Padre, hoy me siento celoso. No entiendo por qué elegiste dar la bendición que yo tanto deseaba a otra persona y no a mí. En mi mente, confío en que tienes Tus buenas razones. Sin embargo, en mi corazón, me duele y parece muy injusto. No quiero ser la clase de persona que duda de Ti y que siente disgusto al ver la buena suerte del otro. Por favor, ayúdame, Señor Jesús.

Gracias, Padre, por sacar a la luz estos sentimientos para que pueda ver en realidad lo que está en mi corazón. Veo lo destructivo que esto es para mí. Esto roba mi paz porque estoy fijando mi enfoque en las bendiciones y en otras personas en lugar de Ti. Así que confieso estos celos y te pido que me enseñes a liberarme de ellos. No permitas que esté atado por un espíritu de autocompasión, condenación propia, comparación, inseguridad o críticas de los demás, todo lo cual no me califica como Tu hijo. Asimismo, Padre, si hay orgullo o egoísmo en mí, revélalo y elimínalo. Perdóname por haber estado resentido de alguna forma o por haberte desagradado con mis acciones.

Gracias, Señor, por amarme y por ser comprensivo respecto a donde estoy en mi caminar contigo, pero sin permitir que me quede atrapado en los patrones de pensamientos destructivos, actitudes y hábitos. Gracias por bendecir a otros y, a través de eso, recordarme que todo lo bueno recibido y todo regalo perfecto proviene de Ti. Admito mi confianza en Tu sabiduría y en Tu tiempo. Dame amor para aquellos que poseen lo que yo deseo, en lugar de sentir celos. Ayúdame a aprender lo que enseñas y a mantener mi atención en Ti, Señor Jesús. Me deleitaré en Ti, Señor; al saber que me bendecirás de una manera que en realidad ministre mi alma. Te encomiendo mi camino, Señor, con plena fe de que cumplirás con todo lo que me concierne. Gracias, mi Salvador. Alabo Tu santo nombre.

En el nombre de Jesús, te lo pido. Amén.

CUANDO TEMEMOS
el futuro

«*Porque Yo sé los planes que tengo para ustedes*», declara el
Señor, «*planes de bienestar y no de calamidad, para darles un
futuro y una esperanza*».

—JEREMÍAS 29:11

Señor Dios, vengo ante Ti hoy porque estoy confundido y tengo miedo del futuro. Los eventos que han sucedido me han hecho cuestionar el camino que está delante de mí. Sin embargo, Padre, cuán agradecido estoy de que gobiernes todas las cosas desde el cielo. Eres santo y exaltado, sabio y bueno en todo lo que haces. Aunque desde mi perspectiva los días venideros parecen oscuros, sé que has mirado hacia adelante y sabes el camino que debo tomar. Gracias por Tu maravilloso plan para mi vida y porque incluso los contratiempos que encuentro no pueden detener lo que te has propuesto para mí, sino más bien sirven para Tu plan de alguna manera importante.

Señor, estoy agradecido de que mi futuro se origina y se encuentra en Tu trono. Sé que hablas y preparas un camino para mí. Tú ordenas y las puertas cerradas se abren de una manera que nadie puede cerrarlas. Ayúdame a escucharte de manera razonada, activa, sumisa, con esperanza y con paciencia. Cuando no pueda escuchar Tu voz, dame la resistencia para seguir buscándote a Ti y Tu voluntad. Te reconozco como mi Señor en todas las cosas; guíame y endereza mi camino.

Jesús, gracias por todo lo que haces por mí. Gracias por el pan de cada día y porque atiendes todas mis necesidades, incluso las que parecen no satisfechas en el momento. Gracias por perdonar mis pecados y por ayudarme a perdonar a los que me lastimaron. Gracias por ayudarme a luchar y escapar de la tentación para que pueda vivir una vida santa que te honre. Gracias por librarme del mal y de la esclavitud del pecado.

Padre, que Tu evangelio sea predicado en toda la tierra y que la gente reconozca que eres el Rey de reyes y el Señor de señores. Que toda rodilla se doble y toda lengua confiese que Jesús es el Señor. Que se haga Tu voluntad, tanto en la tierra como en el cielo, especialmente en mi vida y a través de ella. Continúa mostrándome cómo puedo unirme a Ti en Tus propósitos y ser un miembro vivo, activo y productivo del cuerpo de Cristo.

Porque Tuyo es el reino y el poder y la gloria para siempre, Señor Jesús. Eres mi Salvador, Autoridad, Defensor y Gran Proveedor. Por Ti, puedo mirar hacia el futuro con gozo, con expectativa y con anticipación, al saber que Tú me guías perfectamente y eres digno de todo mi respeto, adoración, obediencia y adoración. Gracias por guiarme hacia la vida en su plenitud. A Ti sea toda la gloria, el honor y la alabanza para siempre.

En el nombre de Jesús, te lo pido. Amén.

CUANDO NOS SENTIMOS
solos

El Señor irá delante de ti; Él estará contigo. No te dejará ni te desamparará; no temas ni te acobardes.

—DEUTERONOMIO 31:8

Señor, gracias por estar conmigo en este momento difícil. Padre, estoy tan contento de que nunca me dejarás ni me desampararás, sin importar lo que suceda. Eres mi Roca, mi Redentor y mi Refugio. Nada puede arrebatarme de Tu mano ni separarme de Tu amor. Eso es lo que dice Tu Palabra, Padre. Eso es lo que me has prometido. Lo afirmo ahora mismo, porque la verdad es que me siento como si estuviera total y completamente solo. No siento Tu presencia, es como si estuvieras a millones de kilómetros de distancia. Así que me aferro a Tus promesas por fe porque eso es lo que Tú me has dicho que haga.

Jesús, por favor, revélate y consuélame. Eres mi Salvador. Hiciste Tu gran sacrificio en la cruz para que me reconcilie contigo para siempre. Tu resurrección demostró una vez y para siempre que tengo una relación viva contigo que nada, ni siquiera el pecado ni la muerte, puede impedir. Cuando todavía era un pecador, Tú moriste por mí. Me aceptaste en mi peor momento y sigues recibiéndome ahora. Incluso cuando siento que nadie me entiende, Tú me entiendes, incluso mejor de lo que yo me entiendo. Te alabo por Tu maravillosa bondad y Tu gracia sacrificial, Jesús. Gracias por amarme tanto y de manera tan incondicional.

Señor, sé que la soledad puede tener muchas fuentes diferentes, incluida la manera en que he sido rechazado, avergonzado, aislado y traicionado en el pasado y, en consecuencia, cómo me he aislado. No obstante, mi soledad es el resultado de no entender cómo amar a los demás o cómo recibir amor. Enséñame, Señor. Sana las heridas del pasado y ayúdame a perdonar a quienes me han lastimado. Muéstrame cómo caminar en una relación sana contigo y con los demás. Revélame a las personas a las que deseas que me acerque y que quiera. También ayúdame a apreciar y estimar a las personas que me has dado para amarme, en lugar de buscar la aprobación de aquellos que no lo hacen.

Señor Jesús, dijiste que nunca me dejarías huérfano y siempre estás conmigo mediante la presencia de Tu Espíritu Santo. Gracias porque no camino solo e incomprendido por esta vida, sino que siempre tengo Tus brazos eternos en los que puedo apoyarme. Qué gran consuelo y fuerzas me das para soportar hoy y todos los días. Gracias por ayudarme a salir del dolor de la soledad y por ser mi compañero constante y eterno.

En el nombre de Jesús, te lo pido. Amén.

CUANDO NOS

desesperamos

Porque no queremos que ignoren, hermanos, acerca de nuestra aflicción sufrida en Asia. Porque fuimos abrumados sobremanera, más allá de nuestras fuerzas, de modo que hasta perdimos la esperanza de salir con vida. De hecho, dentro de nosotros mismos ya teníamos la sentencia de muerte, a fin de que no confiáramos en nosotros mismos, sino en Dios que resucita a los muertos.

—2 CORINTIOS 1:8-9

Padre, cuán agradecido estoy de que entiendas cuando estoy deprimido y totalmente desesperado. Incluso en este momento, vengo a Ti en abatimiento, sin saber cómo puedo continuar. Tú sabes cómo las circunstancias y los problemas que he enfrentado a lo largo de los años me han hecho sentir indigno, como si un grueso manto de oscuridad se hubiera posado en mi vida. Gracias por darme luz y por recordarme siempre que sin importar lo que pase o lo que digan los demás, Tú me llamas aceptado y digno, Tu hijo amado.

Señor Dios, doy gracias por Tu bondad constante hacia mí, la manera en que me das esperanzas y cómo obras para sanar mis heridas. Tú sabes, Señor, cómo puedo llegar a desanimarme. Sé que las pruebas que me mandas para acercarme a Ti edifican mi fe, me liberan de la esclavitud, establecen mi carácter y me ayudan a aceptar Tu verdadera vida de resurrección. Sin embargo, ellos golpearon las partes heridas en mí que me hacen sentir que no tengo esperanza. Así que, Padre, cuando sienta que la desesperación se apodera de mí, ayúdame a recordar arrodillarme ante Ti en oración y a buscar Tu amoroso rostro. Sé que estás tratando de liberarme de mis viejos caminos para que pueda caminar en los Tuyos. En esos momentos, guíame para que pueda enfocarme en Tu carácter inigualable, recuérdame de Tus planes para mi futuro y fortaléceme para que pueda perseverar en mi compromiso contigo. Ayúdame a aceptar las buenas obras que has preparado de antemano para que yo haga y la persona que has diseñado que yo sea (Efesios 2:10). Que Tus alabanzas estén siempre en mi boca, porque sé que ese es el camino a la verdadera vida y a la sanidad.

Señor, lo que siempre le da esperanza a mi corazón es recordar quién eres y el gran amor que eternamente me muestras. En verdad, Tú eres Dios, el Dios bueno, santo, soberano, compasivo y confiable de todo lo que existe. Estás vestido de majestuosidad y fortaleza. Tu sabiduría nadie puede entender. Tu sorprendente misericordia, Tu sublime gracia y Tu amor incondicional me hacen regocijar. Cuando recurro a Ti, recuerdo que mi situación nunca es verdaderamente imposible, que la liberación vendrá cuando Tus propósitos se cumplan.

Gracias, Padre, por darme esperanza. Estoy tan agradecido de que me lleves a la victoria sobre mi desesperación. En efecto, Señor, Tú transformas las desilusiones de mi vida en un salón de clase donde puedo acercarme más a Ti y aprender a aferrarme de todas las bendiciones que tienes para mí. Incluso cuando los problemas me rodean, las circunstancias se levantan contra mí y no hay rescate a la vista, sé que Tú estás conmigo. Actúas poderosamente por mí en lo invisible y tengo la confianza de que te veré resolverlo todo para bien. Verdaderamente, Tus grandes y poderosos planes están más allá de todo lo que podría pedir o imaginar. Así que ayúdame a reflejar Tu gloria, Padre, al llevar a otros a conocerte y a ayudarlos a encontrar la sanidad en Tu presencia sabia y amorosa.

En el nombre de Jesús, te lo pido. Amén.

CUANDO SENTIMOS QUE
Dios está lejos

Pero Tú, oh SEÑOR, no estés lejos;
Fuerza mía, apresúrate a socorrerme.
Los que temen al SEÑOR, alábenlo;
Descendencia toda de Jacob, glorifíquenlo,
Témanlo, descendencia toda de Israel.
Porque Él no ha despreciado ni aborrecido la aflicción del
*   angustiado,*
Ni le ha escondido Su rostro;
Sino que cuando clamó al Señor, lo escuchó.
—SALMOS 22:19, 23-24

Padre, me siento tan distante de Ti y no estoy seguro de qué hacer al respecto. Sé que todo creyente tiene momentos cuando Tú pareces estar lejos, momentos en que nos sentimos abandonados cuando debemos decidir creer en Tu promesa de que siempre estarás con nosotros, en lugar de confiar en nuestros sentimientos. No obstante, Jesús, deseo Tu presencia conmigo. Necesito Tu consuelo, sabiduría y fortaleza. Clamo como lo hizo David: «Dios mío, no estés lejos de mí. Apresúrate a socorrerme, Oh Señor, salvación mía» (Salmos 38:21-22). Así como David se tranquilizó porque Tú lo escuchaste, Te pido que me puedas ayudar a tener la seguridad de Tu presencia también, ya sea a través de Tu Palabra, un recuerdo de Tu intervención, un amigo, una canción, un sermón o lo que sea que elijas usar.

Padre, si hay un pecado en mí que me separa de Ti, por favor, muéstrame para que pueda confesarlo y arrepentirme de ello. Si estoy creyendo una mentira del enemigo que está socavando mi relación contigo, púrgalo y guíame en Tu verdad. Asimismo, si hay algo que me estás enseñando, Padre, ayúdame a aprenderlo rápidamente para que pueda disfrutar de nuevo un caminar cercano e íntimo contigo.

Clamo a Ti, Señor, agradecido de que siempre me escuchas y siempre respondes. Estoy tan contento de que nunca me dejas ni me desamparas y que esta distancia es solo un sentimiento, no la realidad de nuestra relación. Gracias por mostrarme la causa de esta distancia y ayudarme a superarla. Gracias por abrir Tu Palabra, por hablarme a través de Tu Santo Espíritu y por restaurar nuestra dulce comunión. Inclino mi corazón para escucharte, mi Señor Dios. Gracias por comunicarte conmigo y por acercarme una vez más.

En el nombre de Jesús, te lo pido. Amén.

CUANDO NOS SENTIMOS

vacíos

*Pero el que beba del agua que Yo le daré, no tendrá sed jamás,
sino que el agua que Yo le daré se convertirá en él en una fuente
de agua que brota para vida eterna.*

—JUAN 4:14

Padre, me siento tan vacío de muchas maneras diferentes. Siento como si nada llenara mi corazón, mi espíritu ni mi alma. Algo falta, algo está mal e incompleto. No hay verdadera paz ni alegría; solo hay insensibilidad dentro de mí. Parece que hubiera perdido mi propósito, mi dirección y mi pasión. Señor Dios, has prometido llenarme, para darme una vida abundante si te lo permito. Por lo tanto, Padre, presento mi corazón ante Ti y te pido que puedas eliminar todo lo que impida que experimente la sobreabundante vida cristiana que Tú has preparado para mí.

Padre, confieso que he intentado llenar mi vida con lo que pensé que me daría placer y comodidad, pero me ha dejado vacío. Soy culpable de la amonestación que proclamaste por medio del profeta Jeremías: «Me han abandonado a Mí, fuente de aguas vivas, y han cavado para sí cisternas, cisternas agrietadas que no retienen el agua» (Jeremías 2:13). A lo que he acudido por consolación me ha dejado aún más vacío y convencido de mi propia inutilidad. No ha funcionado; al contrario, ha debilitado lo que Tú quieres que yo sea. Muéstrame todas las formas en las que me he apartado de Ti para que pueda confesarlas, encontrar Tu perdón y comenzar a caminar según Tu voluntad. No dejes que nada malo permanezca.

Padre, también Te pediría que me enseñes a hacerte mi fuente de agua viva. Habla poderosamente y con claridad a través de Tu Palabra mientras me arrodillo ante Ti en oración. Envía creyentes que entiendan cómo vivir la abundante vida cristiana para que me ayuden a aferrarme a ella. Vive Tu vida a través de mí, mi Señor y mi Salvador. No sé todo lo que eso significa, pero mi corazón está abierto ante Ti y estoy dispuesto a aprender lo que desees enseñarme.

Gracias, Padre, por amarme genuinamente, por aceptarme y por cuidar de mí. Gracias por ver mi vida como algo más de lo que es actualmente y por tener planes más grandes de los que puedo imaginarme. Tú tienes sueños para mí, Padre, mejores de los que yo tengo para mí mismo, y me capacitas para aferrarme a ellos. Gracias, Señor. Muéstrame lo que es posible. Lléname mientras encuentro verdadero gozo y aceptación en Tu presencia. Que mi vida se convierta en un testimonio de plenitud de una relación poderosa e íntima contigo, que también dé esperanza a los demás.

En el nombre de Jesús, te lo pido. Amén.

CUANDO SENTIMOS
culpa

Te manifesté mi pecado,
Y no encubrí mi iniquidad.
Dije: «Confesaré mis transgresiones al SEÑOR»;
Y Tú perdonaste la culpa de mi pecado.   *Selah.*
Por eso, que todo santo ore a Ti en el tiempo en que puedas ser
    hallado;
Ciertamente, en la inundación de muchas aguas, no llegarán
    estas a él.
Tú eres mi escondedero; de la angustia me preservarás;
Con cánticos de liberación me rodearás.   *Selah.*

—SALMOS 32:5-7

Padre, siento tanta culpa de las cosas que he hecho. Sé que te las he confesado a Ti de la manera más honesta que conozco y que me has perdonado. No obstante, por alguna razón, me remuerde, como si todavía hubiera algo malo. Así que, Padre, te pido ahora mismo que reveles todo lo que todavía necesito confesar para poder arrepentirme y seguirte a plenitud. Me entrego a Ti, Señor, y deseo de todo corazón obedecerte y ser libre de este reproche.

Gracias por ser fiel para perdonar mis pecados. Mientras te confieso mis transgresiones y me arrepiento de ellas, Tú me limpias de la maldad. Estoy tan agradecido de que, debido a la muerte sustitutiva de Cristo en la cruz, nunca podré perder mi relación contigo. Es tan reconfortante saber que siempre me amarás, sin importar nada.

Señor, estoy tan agradecido de que Tú no deseas que sufra de la falsa culpa; en su lugar, deseas librarme de ella y amarme incondicionalmente. Padre, cuando sienta una culpa falsa, revela su causa para que pueda ser desenterrada y eliminada. No quiero pecar, Jesús, así que cuando me aleje del centro de Tu voluntad, convénceme de ello poderosamente, sin demora, para que pueda arrepentirme de ello de inmediato y vuelva a Tu perfecto plan. Señor, decido creer que Tú me perdonas de manera completa y perfecta, a pesar de cómo me sienta. Ayúdame a aceptar las consecuencias de mi pecado y a crecer a través de la disciplina que me envíes.

Señor Dios, sé que «para los que aman a Dios, todas las cosas cooperan para bien, esto es, para los que son llamados conforme a Su propósito» (Romanos 8:28). Por eso, Padre, ayúdame a aprender de mis errores. Luego, como dice David: «Entonces enseñaré a los transgresores Tus caminos, y los pecadores se convertirán a Ti» (Salmos 51:13). Señor Dios, hazme un instrumento de Tu paz para los demás para que conozcan a Jesús como su Salvador y que encuentren la verdadera libertad de sus pecados que solo Tú puedes dar.

En el nombre de Jesús, te lo pido. Amén.

CUANDO NOS SENTIMOS
humillados

Todo el día mi ignominia está delante de mí,
Y la vergüenza de mi rostro me ha abrumado.
Pero no nos hemos olvidado de Ti,
Ni hemos faltado a Tu pacto.
No se ha vuelto atrás nuestro corazón,
Ni se han desviado nuestros pasos de Tu senda;
¡Levántate! Sé nuestra ayuda,
Y redímenos por amor de Tu misericordia.

—SALMOS 44:15, 17-18, 26

Padre, cuán agradecido estoy de que siempre me recibas en Tu presencia sin importar cuánto me equivoque o cómo me vean los demás. Estoy muy avergonzado por lo que ha sucedido. Esta situación parece confirmar todas las cosas malas que temo de mí mismo y lo que me ha devastado. No puedo dejar de pensar en lo que otros han dicho y cómo me han visto. El amor y el respeto que anhelo me parecen perdidos. No sé cómo puedo seguir adelante.

Te agradezco, Padre, porque siempre me aceptas gracias a la sangre de Jesús. Gracias por darme mi dignidad y valor. Esta situación no me define, Tú sí. Así que, por favor, Padre, reemplaza los sentimientos de vergüenza y la condenación de los demás con Tu verdad. Tú me has adoptado como Tu hijo amado. Me has creado y me has formado para las buenas obras que has planeado con anticipación para que yo las realice. Has morado en mí y me has capacitado por medio de Tu

Espíritu Santo, me has dotado de toda bendición espiritual, me has dado el acceso a Tu trono de gracia y me has llamado para servir a Tu reino celestial.

Tú has dicho:

> No temas, porque Yo te he redimido,
> Te he llamado por tu nombre; Mío eres tú.
> Cuando pases por las aguas, Yo estaré contigo,
> Y si por los ríos, no te cubrirán.
> Cuando pases por el fuego, no te quemarás,
> Ni la llama te abrasará.
> Porque Yo soy el Señor tu Dios,
> El Santo de Israel, tu Salvador (Isaías 43:1-3).

Por lo tanto, no tengo que temer. No tengo que aislarme ni esconderme. ¡Soy Tuyo! Dices que soy importante e inclinaré mi corazón a creerte. Gracias por darme la fuerza y el valor para seguir adelante. Gracias por estar conmigo para atravesar todo esto.

Perdóname, Padre, por haber creído lo contrario. Revela todas las maneras en que he pecado contra Ti para que pueda arrepentirme y andar en Tus caminos. Ayúdame a perdonarme a mí mismo y a los demás. Eres muy bueno conmigo y me capacitarás para seguir adelante. Haces que todas las cosas sean nuevas. Así que, Jesús, comienza de nuevo en mí. Enséñame a caminar por esto, paso a paso. Dame valor y sabiduría. Guíame, mi Salvador, porque confío en Ti.

En el nombre de Jesús, te lo pido. Amén.

CUANDO NOS SENTIMOS

impacientes

Desde la antigüedad no habían escuchado ni puesto atención,
Ni el ojo había visto a un Dios fuera de Ti
Que obrara a favor del que esperaba en Él.

—ISAÍAS 64:4

Padre, confieso que me siento nervioso e inquieto por la situación que tengo ante mí. Anhelo respuestas. Ansío ver que Tu mano poderosa intervenga en esta situación. Sin embargo, sé que esto es parte de mi entrenamiento como Tu discípulo. David oró: «¿Hasta cuándo, oh SEÑOR? ¿Me olvidarás para siempre? ¿Hasta cuándo esconderás de mí Tu rostro?» (Salmos 13:1). La espera en la vida de David fue una parte importante de su preparación para que él ocupara el trono, aunque no se daba cuenta en ese momento. Sin embargo, no le fallaste y él podía decir: «Yo en Tu misericordia he confiado; Mi corazón se regocijará en Tu salvación. Cantaré al SEÑOR, porque me ha llenado de bienes» (Salmos 13:5-6). Con fe, yo también lo diré: «Padre, confiaré en Ti y me regocijaré en Tu bondad».

Padre, ayúdame a esperar con paciencia, sabiduría y esperanza. Sé que cuanto más tiempo pasa y cuanta más presión hay, me siento más fuera de control, y esa es una gran parte de mi ansiedad. No obstante, el tiempo es una herramienta en Tu mano y Tú tienes la sabiduría sobre esto que está mucho más allá de la mía. Tú puedes ver el final desde el principio, mientras que yo solo tengo una visión limitada del pasado y del momento en el que estoy. Te agradezco por obrar en mí durante este tiempo para ensanchar mi fe y hacerme más como Jesús. Gracias también por organizar todo lo que tiene que ver conmigo en lo invisible.

Señor, enséñame lo que es importante a Tus ojos. Tú ves el futuro y lo que verdaderamente es fundamental para ello. Ayúdame a andar en Tu tiempo y en Tus caminos. No permitas que tome decisiones equivocadas, muéstrame Tus puertas abiertas de oportunidades, recuérdame lo que necesito hacer, elimina de mi vida los ladrones del tiempo que son ineficientes y contraproducentes, y ayúdame a mantener la paciencia y la esperanza en las demoras.

Asimismo, Padre, en estas áreas donde siento que se me acaba el tiempo, por favor, guíame. Tú sabes aprovechar al máximo cada momento: invertir cada momento sabiamente de una manera que te honre y traiga paz a mi alma. Así que enséñame a numerar mis días, horas, minutos y segundos, para que pueda caminar en Tu voluntad, ser productivo para Tu nombre y disfrutar la vida al máximo.

En el nombre de Jesús, te lo pido. Amén.

CUANDO NOS SENTIMOS
incapaces

Estamos seguros de todo esto debido a la gran confianza que tenemos en Dios por medio de Cristo. No es que pensemos que estamos capacitados para hacer algo por nuestra propia cuenta. Nuestra aptitud proviene de Dios. Él nos capacitó para que seamos ministros de su nuevo pacto.

—2 CORINTIOS 3:4-6, NTV

Padre, estoy tan agradecido de que Tú seas mi Dios, mi Rey de reyes omnipotente y soberano de toda la creación. Señor, los desafíos ante mí parecen tan abrumadores debido a mis limitaciones, pero sé que no son nada para Ti. ¡Tú eres Dios! Eres el que puso el sol, la luna y las estrellas en los cielos, les diste Israel a los descendientes de Abraham cuatro veces y eres quien conoce mi vida de principio a fin. Al igual que el profeta Jeremías, yo digo: «Nada es imposible para Ti» (Jeremías 32:17).

Te agradezco, Padre, por recordarme que soy polvo, débil e incapaz en muchos sentidos. Básicamente, eso es lo que me causa miedo, querido Señor. No puedo cumplir con mi obligación yo solo. Este deseo en mi corazón necesita Tu intervención sobrenatural. Sin Ti, no tengo esperanza. Sin embargo, Señor Dios, incluso en esto, te agradezco y te alabo porque esta necesidad ha sucedido en mi vida para que puedas revelar Tu gran poder, protección y provisión. Yo sé que nada de esto es un accidente, más bien es la plataforma perfecta para demostrar Tu gloria.

Así que me enfoco no en mi debilidad, Padre, sino en Tu impresionante poder. Este desafío no es para que yo lo supere, sino para que a través de él Tú reveles Tu gloria. Yo no puedo, pero ¡Tú sí! Cuando soy débil, ¡Tú eres poderoso! Gracias por amarme y por sustentarme. A Ti sea todo el honor, la gloria, el poder y la alabanza ahora y para siempre.

En el nombre de Jesús, te lo pido. Amén.

CUANDO NOS SENTIMOS
rechazados

Nos escogió en él antes de la fundación del mundo, para que fué-
semos santos y sin mancha delante de él, en amor habiéndonos
predestinado para ser adoptados hijos suyos por medio de Jesu-
cristo, según el puro afecto de su voluntad, para alabanza de la
gloria de su gracia, con la cual nos hizo aceptos en el Amado.
—EFESIOS 1:4-6, RVR1960

Padre, gracias por aceptarme. Gracias por amarme siempre y por nunca rendirte conmigo, aun cuando otros sí. Saber que nunca me dejarás ni me desampararás es un gran consuelo. Ayúdame a que esta verdad penetre en lo profundo de mi corazón: el Dios de toda la Creación me ama y ve mi valor. Gracias, querido Jesús, por salvarme y hacerme digno.

Señor, Tú conoces el rechazo que he experimentado durante mi vida que ha herido mi corazón y entiendes lo mucho que esta situación actual me asola. Tú ves lo inútil e indefenso que me siento cuando otros me ignoran o me echan. Es como si los que me han rechazado hubieran confirmado mis peores temores sobre mí, que no soy amado, estoy herido y soy indigno. Expongo estos sentimientos, Padre, los ato y los rechazo en el nombre de Jesús porque sé que no vienen de Ti y son contrarios a la identidad que me has dado.

Reconozco que muchos de estos sentimientos se han arraigado en mí hace mucho tiempo y me tienen profundamente controlado. No obstante, te agradezco tanto por cómo me recuerdas Tu amor incondicional y cómo obras para librarme de estos sentimientos, Señor Jesús. Gracias por sanar mis heridas y darme un sentido de pertenencia a Tu familia eterna y celestial como Tu propio hijo amado. Gracias por bendecirme con un sentido de valor a través de Tu muerte en la cruz y Tu resurrección. Gracias por llenarme de un sentido de competencia y suficiencia, por capacitarme para realizar todo lo que me llamaste a hacer a través de Tu permanente Espíritu Santo.

Padre, debo tomar una decisión: creeré lo que otros han dicho sobre mí o confiaré en lo que Tú dices sobre mi carácter y mi futuro. Sé que eres el único juez verdadero y justo, y que lo que digas se mantiene firme por la eternidad, por eso yo elijo escucharte a Ti, Señor. Ayúdame a perdonar a los que me han herido. Te pido que obres en sus corazones y sanes las heridas que hacen que me traten como lo han hecho. Que no les sea tomado en cuenta. No obstante, que conozcan Tu amor más profundamente y que sean libres.

Gracias por planear intencional y amorosamente a la persona quién sería yo y por entretejerme en el vientre de mi madre con un buen plan y propósito. Cuán agradecido estoy por Tu Espíritu Santo y Tu Palabra preciosa, que usas para liberarme de mi dolor y mi sufrimiento. Gracias por amarme incondicionalmente. Ayúdame a recordar que Tu opinión es la que más importa: Tú me das mi valor. Confiéreme la capacidad de amar a quienquiera que me envíes a cuidar. Que todos los que conozca vean Tu amor y Tu aceptación reflejados en mí. Igualmente, que todas las personas alaben Tu santo nombre.

En el nombre de Jesús, te lo pido. Amén.

CUANDO NO NOS SENTIMOS
amados

Estoy convencido de que ni la muerte, ni la vida, ni ángeles, ni principados, ni lo presente, ni lo por venir, ni los poderes, ni lo alto, ni lo profundo, ni ninguna otra cosa creada nos podrá separar del amor de Dios que es en Cristo Jesús Señor nuestro.
—ROMANOS 8:38-39

Mi Padre celestial y amoroso, sé que eres bueno, bondadoso y compasivo. Gracias por cuidarme, por ser mi fundamento seguro, por guiarme por el camino que debo seguir, por enseñarme Tus caminos, por perdonar mis pecados, por liberarme de la esclavitud y por darme un hogar eterno en el cielo contigo. Verdaderamente, me has dado mucho más de lo que merezco. Gracias por bendecirme y por hacerme digno a través de Jesús. Muchas gracias por amarme incondicionalmente.

Padre, ayúdame a sentir y conocer Tu amor incluso en estos momentos. Esta sensación de no ser amado ha impregnado mi corazón y no puedo liberarme de esto. Sé que esto se da debido a las experiencias que he tenido y a las mentiras que están arraigadas dentro de mí. Así que abro Tu Palabra y te pido que me guíes a Tu verdad. Recuérdame cómo me entretejiste cuidadosamente en el vientre de mi madre, cómo siempre has cuidado mi vida, cómo me has llevado a la salvación y el gran precio que pagaste por mi redención. ¡Gracias por el gran amor que me has mostrado, Señor! Todavía no comprendo la amplitud, la longitud, la altura ni la profundidad de esto. No obstante, cuánto consuelo me da saber que absolutamente nada puede separarme de Tu amor.

Padre, enséñame a caminar en una relación íntima y sana contigo y con los demás. Revélame a las personas a las que deseas que me acerque y ayúdame a apreciar a los que me has dado para amarme. Padre, que mi amor por Ti crezca cada día.

Gracias a Ti, mi Señor y mi Dios, que ni la muerte ni la vida, ni mis temores de hoy o mis preocupaciones de mañana, nada que pueda hacer o que he dejado de hacer, ningún poder en las alturas, en la tierra o en toda la creación, ni siquiera todas las fuerzas del enemigo, podrá separarme del amor que me has dado a través de mi maravilloso Salvador, Jesús. Ayúdame a caminar siempre en Tu amor y ser Tu embajador de amor hacia los demás.

En el nombre de Jesús, te lo pido. Amén.

CUANDO NOS FALTA
disciplina

Y todo el que compite en los juegos se abstiene de todo. Ellos lo hacen para recibir una corona corruptible, pero nosotros, una incorruptible. Por tanto, yo de esta manera corro, no como sin tener meta; de esta manera peleo, no como dando golpes al aire, sino que golpeo mi cuerpo y lo hago mi esclavo, no sea que habiendo predicado a otros, yo mismo sea descalificado.

—1 CORINTIOS 9:25-27

Padre, estoy muy agradecido de poder acercarme a Ti con toda necesidad. Gracias por liberarme tanto del castigo como del poder del pecado. Gracias por mostrarme cómo vivir en Tu libertad. Confieso que necesito Tu ayuda, Padre. Quiero vivir una vida sana y piadosa que te honre y te glorifique. No obstante, reconozco que me falta disciplina y que eso está socavando a la persona que deseas de mí.

Sin importar lo mucho que lo intente, Padre, no puedo evitarlo. Hago tanto que sabotea mi propio progreso. He intentado muchas veces encontrar la libertad en mis propias fuerzas, pero nada de lo que hago me ayuda. Sé que no puedo cambiar estos patrones de comportamiento yo solo. Es necesaria Tu intervención sobrenatural porque están arraigados en mi carne y solo Tú tienes el poder y la sabiduría para liberarme. Así que me entrego a Ti, Jesús. Sé que gran parte de lo que impide mi progreso es lo que ocurre en mi mente. Una cadena de pensamientos básicamente cosecha una acción. Esas acciones al final se convierten en hábitos. Como un surco cavado profundamente en el suelo, esto se convierte en un patrón que, una vez que empieza, es difícil escurrirse de ahí.

Padre, te confieso mi pecado ahora. Por favor, perdóname y enséñame a arrepentirme completamente, para alejarme de mis formas de actuar y seguir las Tuyas. Revela dónde se origina este problema en mí y desarráigalo. Traigo mis pensamientos y mis emociones cautivas a Ti, Señor Jesús. Manifiesta los desencadenantes ocultos que me desorientan y reemplázalos con Tu verdad. Dame las fuerzas para resistir la tentación y llévame a los versículos de las Escrituras a las que pueda aferrarme en tiempos de necesidad. Ayúdame a elaborar una cuadrícula bíblica mediante la cual yo pueda examinar mis pensamientos, si son de Ti, si son constructivos o destructivos y si me hacen digno de ser Tu hijo. De igual manera, Padre, cuando tengo hambre, enojo, soledad o cansancio, recuérdame lo vulnerable que soy y que necesito refugiarme en Ti.

Jesús, quiero que seas la prioridad de mi vida y el centro de mis pensamientos, porque entonces Tu Espíritu Santo no solo me dará la capacidad para tener disciplina, sino que también tendré todo lo que necesito o deseo en la vida. Gracias por liberarme de los patrones que me llevan a pecar. Gracias por enseñarme a vivir una vida piadosa. Te agradezco, Señor Jesús, por nunca rendirte conmigo, sino que siempre obras para mostrarme el camino hacia la victoria. Realmente, Tú eres bueno, amoroso y digno de toda mi adoración y alabanza.

En el nombre de Jesús, te lo pido. Amén.

Sección 2

ORACIONES PARA CUANDO LA VIDA ES DIFÍCIL

CUANDO NOS SENTIMOS
atacados

Escucha mi voz, oh Dios, en mi queja;
Guarda mi vida del terror del enemigo.
Traman injusticias, diciendo:
«Estamos listos con una trama bien concebida;
Pues los pensamientos del hombre y su corazón son profundos».

Pero Dios les disparará con flecha;
Repentinamente serán heridos.
Vuelven su lengua tropezadero contra sí mismos;
Todos los que los vean moverán la cabeza.
Entonces todos los hombres temerán,
Declararán la obra de Dios
Y considerarán sus hechos.
El justo se alegrará en el Señor, y en Él se refugiará;
Y todos los rectos de corazón se gloriarán.

—SALMOS 64:1, 6-10

Padre, vengo ante Ti por el ataque que ha venido contra mí. Incluso antes de empezar, te pido que protejas mi corazón con Tu perdón. No permitas que me amargue por este ataque, porque eso le daría al enemigo un punto de apoyo. Me arrepiento de todo resentimiento que ya se ha arraigado. En su lugar, Padre, ayúdame a mantener mi mente y mi corazón firmemente fijos en Ti. Eres mi escudo y mi defensor.

Afirmo las palabras de David: «En Dios he confiado, no temeré. ¿Qué puede hacerme el hombre?» (Salmos 56:4).

Te alabo, Señor, porque Tú ves esta situación por completo, de principio a fin. Tú entiendes por qué sucede esto y cómo puedo superarlo con Tu sabiduría, fortaleza y poder. En Isaías 54:17, Tú nos has prometido: «"Ningún arma forjada contra ti prosperará, y condenarás toda lengua que se alce contra ti en juicio. Esta es la herencia de los siervos del SEÑOR, y su justificación procede de Mí", declara el SEÑOR».

Por lo tanto, Señor Jesús, seguiré Tu ejemplo ante Poncio Pilato y no diré ni una palabra contra mis enemigos. No involucraré a mis adversarios en público y no intentaré pelear con mis propias fuerzas. Guarda mis labios, Padre. En lugar de atacar a mis enemigos, llenaré mi boca con alabanza a Ti, mi gran defensor poderoso. Eres mi comandante supremo y mi Redentor. Gracias por obrar en lo invisible para acompañarme en esto.

Examíname y pruébame, Señor, para ver que no haya en mí camino de perversidad. Ayúdame a arrepentirme y a andar en Tus caminos en todas las áreas de mi vida. Inclino mi corazón para someterme a Tu dirección y me niego a correr incluso cuando todo parece perdido. También veré esta batalla como una herramienta que usarás para una bendición especial en mi vida. De hecho, sé que todas las dificultades que enfrento son definitivamente oportunidades que pueden traerme el bien y darte la gloria. Así que, Padre, dame una visión espiritual de la razón por la que permitiste esto en mi vida y ayúdame a aprender lo que me estés enseñando.

Gracias por darme dirección, fortaleza, valor y sabiduría, Padre. Te adoro, mi roca, mi refugio, mi escudo y mi salvación. Aun cuando todas mis fuentes de seguridad externas y terrenales me fallan, Tú nunca lo haces. Sé que siempre salgo victorioso debido a Tu presencia permanente y perdurable en mi vida.

En el nombre de Jesús, te lo pido. Amén.

CUANDO NOS ENCONTRAMOS
en una encrucijada

¿Quiénes son los que temen al SEÑOR?
Él les mostrará el sendero que deben elegir.
—SALMOS 25:12, NTV

Padre, cuán agradecido estoy de que, si te reconozco en todos mis caminos, mantendrás enderezadas mis sendas. Tú conoces el camino que debo emprender y lo que deseas para mi futuro. Anhelo caminar en el centro de Tu voluntad y tomar la decisión delante de mí con seguridad. Quiero estar seguro de que estoy tomando las decisiones correctas, Jesús, y necesito Tu orientación clara. Gracias por prometer que cuando me falte sabiduría y te pida dirección, Tú las das generosamente y sin reproche.

Señor, reconozco que necesito Tu ayuda para tomar esta decisión. Estoy en una encrucijada y no sé qué hacer. Cada camino tiene sus desafíos y sus beneficios. Cada uno tiene aspectos que me asustan y me desaniman. No quiero cruzarme de brazos ni reaccionar por miedo, Padre. En su lugar, quiero obedecerte porque sé que Tú me guiarás con sabiduría en el camino que debo emprender.

Así que, Padre, si hay algún pecado en mí que impida esta decisión, te pido que lo reveles para que pueda confesarlo y arrepentirme. Sé que mis deseos personales y las presiones de los demás se han interpuesto en esta decisión, así que los llevo hasta la neutralidad y te escucho a Ti. Afirmo que quiero lo que Tú deseas. Hágase en mí según Tu Palabra, Señor. También inclino mi corazón para esperarte mientras me muestras qué hacer. Aunque parece haber un límite de tiempo en esta oportunidad y una presión para continuar, no me moveré hasta que me muestres claramente cuál es Tu camino. Practicaré Salmos 62:1: «En Dios solamente espera en silencio mi alma; de Él viene mi salvación» porque sé que «ninguno de los que esperan en Ti será avergonzado» (Salmos 25:3). Guíame, Señor. No dejaré de estar a la escucha de Tu Palabra que me guía. Persistiré en oración hasta que me muestres qué hacer.

Padre, te pido que hables poderosamente a través de las Escrituras y me des promesas a las que pueda aferrarme durante este tiempo. Concédeme promesas como señales hacia Tu camino. Señor Dios, dile a mi corazón lo que tengas que decir mientras sigo caminando en Tu voluntad. Que Tu paz sea el árbitro que me avise que estoy seguro y que voy por buen camino con esta decisión, mi brújula para asegurarme que estoy avanzando en la dirección correcta.

Padre, estoy tan agradecido de que me ames tanto que no me dejaste aquí para que lo haga yo solo. Gracias, Jesús, porque sé que Tú entiendes cómo me siento, la confusión interna de estas elecciones y aspectos de esta decisión que me llenan de miedo. Gracias por enviar al Espíritu Santo para morar en mí y por darme la capacidad de vivir en armonía contigo y conocer Tus pensamientos en cada situación dada. Te bendigo, te alabo, te venero, te adoro y te agradezco por Tu perfecta dirección.

En el nombre de Jesús, te lo pido. Amén.

CUANDO ESTAMOS
confundidos sobre la voluntad de Dios

Este libro de la ley no se apartará de tu boca, sino que meditarás en él día y noche, para que cuides de hacer todo lo que en él está escrito. Porque entonces harás prosperar tu camino y tendrás éxito. ¿No te lo he ordenado Yo? ¡Sé fuerte y valiente! No temas ni te acobardes, porque el SEÑOR tu Dios estará contigo donde-quiera que vayas.

—JOSUÉ 1:8-9

Padre, cuán agradecido estoy de que estés tan dispuesto para revelar Tu maravilloso plan para mi vida. Quiero obedecerte, Señor. Quiero conocer Tu voluntad y cumplir las buenas metas que has esta-blecido delante de mí. Gracias por amarme tanto, por darle un propó-sito a mi vida y por darme Tu Palabra para guiarme.

Señor, confieso que estoy confundido sobre lo que deseas que yo haga. Estoy seguro de que me mostrarás, Padre, porque eso es lo que me has prometido en las Escrituras. Así que sigo a la espera de escu-char Tu dirección con perseverancia y fe.

Te alabo por este tiempo de espera, aunque es difícil, porque me motiva a buscarte más y aumenta mi sensibilidad a Tu presencia. Sé que durante este tiempo me has revelado Tus caminos, al ayudarme a conocerte mejor, al conformarme a Tu maravilloso carácter y al disci-plinarme para que pueda alcanzar todo mi potencial. Gracias, Padre.

Por favor, haz que el conocerte y seguir Tu voluntad sea la razón por la que me levanto de la cama todas las mañanas y el centro de mi vida. En este sentido, te pido que me llenes de pasión por Tu Palabra, un anhelo de demorarme contigo en oración, el discernimiento de Tu propósito en toda circunstancia y sabiduría para escoger un consejero piadoso.

Padre, por favor, muéstrame si los deseos de mi corazón concuerdan con Tus planes para mi vida. Si de algún modo te he deshonrando, al infringir Tu Palabra, al demostrar falta de sabiduría o al comportarme de una manera que no concuerda con quien Tú estás formando en mí, revélalo para que pueda confesar y arrepentirme. Haz que permanezca en el centro de Tu voluntad. Mientras te sigo en obediencia paso a paso, dame Tu paz que trasciende el entendimiento y Tus promesas en las Escrituras a las que pueda aferrarme para saber que sigo en buen camino.

Gracias por amarme y por estar conmigo, Señor. Gracias porque no hay razón para temer o seguir en la confusión porque confío en que Tú me guías hacia lo mejor que la vida ofrece. Confío en que me mostrarás la plenitud de Tu voluntad en Tu tiempo. A Ti sea todo el honor, la gloria, el poder y la alabanza en lo visible y lo invisible y en lo que es conocido o desconocido. Eres fiel y veraz, y dondequiera que me lleves, yo iré.

En el nombre de Jesús, te lo pido. Amén.

CUANDO NOS SENTIMOS
relegados

Y todos, revístanse de humildad en su trato mutuo, porque Dios
RESISTE A LOS SOBERBIOS, PERO DA GRACIA A LOS HUMILDES.
Humíllense, pues, bajo la poderosa mano de Dios, para que
Él los exalte a su debido tiempo, echando toda su ansiedad sobre
Él, porque Él tiene cuidado de ustedes.

—1 PEDRO 5:5-7

Señor Dios, entender lo que me ha pasado es difícil y necesito Tu sabiduría y gracia en esta situación porque mi corazón está agobiado y roto. Mientras que mi vida y mis planes deberían avanzar, he sido relegado. Me siento deprimido, humillado; como si todo por lo que he trabajado me hubiese sido arrebatado y como si mi camino hubiese llegado a su fin.

No obstante, Padre, cuán agradecido estoy de que todavía tengo el honor de venir ante Tu trono de gracia. Sigo cubierto por la sangre de Jesús, sigo siendo Tu hijo y sigo teniendo las cosas que deseas cumplir a través de mí. No me has rechazado. Tienes buenos propósitos para mi vida. Nada puede quitarme todo eso porque eres Tú quien me dio la vida. Por tanto, Padre, Te pido que me guíes en esta etapa de humillación. Ayúdame a entender lo que está sucediendo, no solo desde un punto de vista terrenal, sino desde Tu perspectiva celestial. Tú permitiste esto para que yo sepa que hay algo bueno e importante, aunque en este momento no pareciera así.

Padre, mi corazón está abierto ante Ti. Examina si hay orgullo, necesidad indebida de buenas opiniones y elogio de los demás, la dependencia en mi fuerza en lugar de mi dependencia en Ti u otras costumbres pecaminosas. Identifica y limpia todo lo que no te honre ni me convenga como hijo Tuyo. Muéstrame dónde reina el pecado en mí para que pueda arrepentirme y seguirte. En los momentos en que siento que no hay esperanzas, recuérdame quién eres y que nada puede oponerse a Tus mejores planes para mí.

Cuando tenga que enfrentarme a las personas que me han humillado, ayúdame a caminar en perdón y gracia, tanto hacia ellos como hacia mí mismo. Calma el miedo en mí. Elimina los sentimientos de humillación y lamento. Recuérdame mi identidad, mi valor y mi capacidad en Ti. Ayúdame a poner mi corazón en el trabajo que me des. En todo, enséñame a exaltarte con mis palabras y mis acciones para que los demás te vean en mí. Nunca permitas que pierda mi testimonio por el dolor o la amargura.

Confío en Ti en todo esto, Señor Jesús. Sé que este tiempo no es para mi destrucción sino para que Tus propósitos se cumplan. Así que guíame, Jesús. Me humillo ante Ti y confío en que esto no es un final sino un giro hacia mi camino que lleva a grandes cosas para Tu gloria.

En el nombre de Jesús, te lo pido. Amén.

CUANDO SOMOS
perseguidos por causa de nuestra fe

Amen a sus enemigos y oren por los que los persiguen, para que ustedes sean hijos de su Padre que está en los cielos.
—MATEO 5:44-45

Jesús, gracias por ser mi Señor y mi Salvador, por morir en la cruz para darme libertad del pecado y de la muerte. Te amo y me entrego por completo a Ti y a la proclamación del evangelio, cueste lo que cueste.

Recientemente, eso se ha hecho más costoso de lo que jamás pensé que sería. Protege mi corazón con Tu perdón, Padre. Ayúdame a no amargarme y dame ojos espirituales para ver a través de los ataques lo que realmente sucede. Sé que aquellos que me persiguen en realidad te están respondiendo a Ti. Tu Espíritu Santo los convence de pecado y ellos atacan por la convicción, el dolor e incluso el miedo que sienten. Qué alivio tendrían si solo creyeran en el nombre de Jesús.

Por tanto, Señor, oro por aquellos que no te conocen, en especial aquellos que te tienen tanto miedo que consideran que Tú y Tu pueblo son sus enemigos. No les tengas en cuenta ese pecado, Padre. Llévalos poderosamente hacia Ti. Aumenta mi amor por ellos y ayúdame a decirles la verdad de Tu salvación, sin importar si me persiguen o si me acusan injustamente. Sé que ya pertenezco al reino celestial y que ellos perecerán si no aceptan la verdad. Ayúdame a permanecer firme por amor a Tu nombre y ser tan amoroso y perdonador como Tú lo serías.

Confío en Ti, Padre. Tengo confianza en Tu protección, guía y sabiduría. Ayúdame a seguir Tus pisadas, así como los discípulos y los profetas lo hicieron antes de mí. Prepara los corazones de los que me persiguen para arrepentimiento, Señor, y dame Tus Palabras para que muchos vengan a Tu salvación. Gracias por escuchar mis oraciones. Te alabo porque esta no es una ocasión para tener miedo, sino una oportunidad para traer abundante cosecha de almas.

En el nombre de Jesús, te lo pido. Amén.

CUANDO ESTAMOS
atrapados en una situación difícil

El Dios eterno, el Señor, el creador de los confines de la tierra
No se fatiga ni se cansa.
Su entendimiento es inescrutable.
Él da fuerzas al fatigado,
Y al que no tiene fuerzas, aumenta el vigor.
Aun los mancebos se fatigan y se cansan,
Y los jóvenes tropiezan y vacilan,
Pero los que esperan en el Señor
Renovarán sus fuerzas.
Se remontarán con alas como las águilas,
Correrán y no se cansarán,
Caminarán y no se fatigarán.

—ISAÍAS 40:28-31

Padre, Te alabo. Eres el Dios irrefutable, eterno, omnipotente y omnisciente, omnipresente y el Dios que ama incondicionalmente: el Señor, el Creador de los confines de la tierra. Tú no te cansas ni te fatigas. Tu entendimiento y sabiduría son inmensurables. Para Ti, no existe obstáculo que sea difícil de superar. Gracias, Padre, porque puedo acudir a Ti por esperanza porque la situación en la que estoy es muy desalentadora. Estoy cansado, Señor. No veo ninguna salida. Siento como si la vida me hubiese debilitado. No obstante, Señor, sé que Tus planes son buenos, que escuchas mis oraciones, que me confieres la capacidad de resistir y que preparas un camino para mí.

Padre, confieso que sigo preocupado: todavía me siento tentado a tomar cartas en el asunto o a conformarme con menos que lo mejor de Ti. No obstante, Señor Dios, yo te elijo. Ahora mismo, afirmo que te necesito, Tu voluntad y Tus caminos, ante todo. Por favor, mantenme por Tu buen camino para mi vida, en el centro de Tus planes perfectos y propósitos que Tú concebiste incluso antes que yo existiera. Ayúdame a ser amable y perdonador con los que me rodean para que pueda ser un buen testigo Tuyo. Dame paciencia para esperar Tu perfecto plan. Motívame a avanzar por fe cuando sea el momento apropiado.

Jesús, cuán agradecido estoy de que, mientras te espero, Tú me ayudas a remontarme con alas como las águilas. Tú revelas Tu voluntad, me llenas de Tu energía y Tu fuerza sobrenaturales, contestas mis oraciones de maneras más maravillosas de lo que puedo imaginarme y me llenas del entendimiento de Tus propósitos eternos. Por tanto, te agradezco por esta difícil situación y tiempo de espera. Gracias por todo lo que me enseñaste y por todo lo que me estás enseñando todavía. Te alabo por usar esta situación para Tus buenos propósitos: acercarme más a Ti, perfeccionar mi carácter y prepararme para Tus respuestas a mis oraciones.

Gracias, Señor, por redimirme en este tiempo, por sostenerme cuando estoy demasiado cansado para continuar, por renovar mis fuerzas y por cumplir Tus promesas. Te alabo, Padre, por darme siempre la esperanza de que lo mejor está por venir.

A Ti, mi precioso Señor, Te dedico mi vida y todo lo que está por venir. Te espero con optimismo.

En el nombre de Jesús, te lo pido. Amén.

CUANDO NO
sabemos qué hacer

«Oh Señor, Dios de nuestros padres, ¿no eres Tú Dios en los cielos? ¿Y no gobiernas Tú sobre todos los reinos de las naciones? En Tu mano hay poder y fortaleza y no hay quien pueda resistirte. Oh Dios nuestro, ¿no los juzgarás? Porque no tenemos fuerza alguna delante de esta gran multitud que viene contra nosotros, y no sabemos qué hacer; pero nuestros ojos están vueltos hacia Ti».

—2 CRÓNICAS 20:6, 12

Padre, gracias por ser mi refugio, mi amparo y mi ayuda en todas las circunstancias. Estoy agradecido de que tienes una comprensión total de lo complicada y confusa que es mi situación y lo impotente que me siento en este momento. No tengo los recursos para afrontar este desafío y no sé qué hacer. Son muchas las presiones y el camino es incierto, así que clamo a Ti, Padre. Estoy tan agradecido porque lo que enfrento no es un desafío para Ti, Tú eres bueno, sabio y poderoso para salvar. Por tanto, acudo a Ti por mi liberación.

Padre, muchas personas tienen opiniones sobre lo que tiene que suceder, pero reconozco que mi comprensión de esta situación es limitada e inadecuada. Es muy fácil ser abrumado por opciones y oportunidades que no me dejan percibir cómo desearías que yo continúe. Igualmente, no comprendo totalmente lo que estás logrando a través de estos desafíos. Por lo tanto, solo Tú puedes estar al mando, Señor. Solo Tú puedes decidir lo que tiene que ocurrir debido a las complejidades de la situación. Así que no seré sabio en mi propia opinión, Padre, sino que buscaré Tu voluntad y Tu camino.

Inclino mi corazón para buscar y escuchar Tu voz, Señor Jesús. Llévame al lugar donde pueda ser imparcial y escuchar lo que Tú estás diciendo. Deseo hacer lo que Tú quieras que haga. Limpia mi vida de toda cosa que me impida hacer Tu voluntad. Lleva mi corazón a la entrega total para que pueda fielmente decir que sí a todo lo que Tú pidas. Te pido que te muevas poderosamente en los momentos fundamentales de decisión. Ayúdame a ver Tu voluntad para cada decisión y a seguirte siempre en obediencia.

Gracias, Señor Jesús, por dejar bien claro el camino. Gracias por protegerme y proveerme mientras camino en Tu voluntad. No tengo nada que temer porque Tú estás conmigo en cada paso del camino. A Ti sea toda la gloria, el honor y la alabanza. Que todos vean y sepan que la victoria en esto es Tuya y solo Tuya.

En el nombre de Jesús, te lo pido. Amén.

CUANDO NO
comprendemos lo que vemos

Eliseo entonces oró, y dijo: «Oh SEÑOR, Te ruego que abras sus ojos para que vea». Y el SEÑOR abrió los ojos del criado, y miró.
—2 REYES 6:17

Padre, he observado algunas interacciones y acontecimientos recientes que han puesto una interrogante en mi mente. No estoy seguro de lo que significan y no quiero sacar conclusiones sin Tu guía. Por tanto, Señor Jesús, te pido que me des Tu punto de vista sobre esta situación. Abre mis ojos espirituales y mi entendimiento para ver Tu verdad.

Inclino mi corazón para ser imparcial y te pido que me puedas guiar hacia las respuestas en Tu Palabra. Padre, mientras revelas más, enséñame a responder o muéstrame si no necesito nada en absoluto. Te lo encomiendo todo a Ti, con plena fe que Tú me guiarás. Gracias, Señor Jesús, por darme libre, voluntaria y generosamente Tu sabiduría.

En el nombre de Jesús, te lo pido. Amén.

CUANDO ENFRENTAMOS
una guerra espiritual

Sean de espíritu sobrio, estén alerta. Su adversario, el diablo, anda al acecho como león rugiente, buscando a quien devorar. Pero resístanlo firmes en la fe, sabiendo que las mismas experiencias de sufrimiento se van cumpliendo en sus hermanos en todo el mundo. Y después de que hayan sufrido un poco de tiempo, el Dios de toda gracia, que los llamó a Su gloria eterna en Cristo, Él mismo los perfeccionará, afirmará, fortalecerá, y establecerá. A Él sea el dominio por los siglos de los siglos. Amén.
—1 PEDRO 5:8-11

Padre, en este mundo de tinieblas y en decadencia, sé que es más importante que nunca para mí vivir como Tu seguidor piadoso que sea obediente a Ti y te represente bien ante los demás. Gracias por equiparme y por conferirme la capacidad para hacerlo. No obstante, también sé que debido a que llevo el nombre de Jesús, enfrentaré oposiciones y guerras espirituales. Por lo tanto, Padre, te pido que, por favor, me hagas dar cuenta de cuándo el enemigo ataca y me ayudes a luchar con Tu fortaleza, a Tu manera y de una manera que te honre.

Padre, prepárame para los conflictos a los que me enfrentaré, incluido el que me aflige ahora mismo. Señor Jesús, sé que el enemigo está activo contra mí, porque me siento tentado a pecar y dudar de Tu Palabra. Me desanimo de los obstáculos que han surgido en contra de mí mientras me esfuerzo por servirte. El enemigo es un engañador y es un experto en hacerme creer que la derrota está sobre mí.

Sin embargo, declaro de acuerdo con el apóstol Pablo: «A Dios gracias, que nos da la victoria por medio de nuestro Señor Jesucristo» (1 Corintios 15:57). Sin importar lo difícil que parezca la situación, sé que Tú sigues guiándome para triunfar.

Por lo tanto, en el nombre de Jesús, proclamo que la victoria es Tuya, Señor Dios. Te agradezco por la armadura que me das para estar firme contra los planes del diablo. Me ciño con Tu verdad, me visto de la coraza de justicia, calzo mis pies con la preparación para anunciar el evangelio de la paz, tomo el escudo de la fe, me pongo el casco de la salvación y la espada del Espíritu, que es Tu Palabra, como arma de defensa. Ayúdame a no pecar, Señor Dios. No obstante, si cedo a la tentación, convénceme poderosamente y ayúdame a arrepentirme con rapidez para que el enemigo no consiga un punto de apoyo.

Padre, quiero ser fuerte y valiente. Ayúdame a enfrentar las batallas que tengo delante de mí con toda seguridad de que vencerás a cualquier oponente. Quiero ser Tu siervo eficaz en este mundo y sé que puedes hacer grandes cosas en mi vida y a través de ella. Así que me someto a Ti para Tus propósitos.

Gracias, Señor, por darme Tu Espíritu Santo para protegerme, equiparme y conferirme la capacidad para lo que surja. Gracias por guiarme. Como dijo David:

> «Aunque pase por el valle de sombra de muerte,
> No temeré mal alguno, porque Tú estás conmigo;
> Tu vara y Tu cayado me infunden aliento.
> Tú preparas mesa delante de mí en presencia de mis
>   enemigos;
> Has ungido mi cabeza con aceite;
> Mi copa está rebosando.
> Ciertamente el bien y la misericordia me seguirán todos los
>   días de mi vida,
> Y en la casa del SEÑOR moraré por largos días».
> (Salmos 23:4-6)

Gracias por esa seguridad, mi Señor y mi Dios. Te alabo porque, independientemente de la batalla, tengo la esperanza de que Tú eres mi comandante supremo.

En el nombre de Jesús, te lo pido. Amén.

CUANDO SENTIMOS
que todo está en nuestra contra

No temas, porque Yo te he redimido,
Te he llamado por tu nombre; Mío eres tú.
Cuando pases por las aguas, Yo estaré contigo,
Y si por los ríos, no te cubrirán.
Cuando pases por el fuego, no te quemarás,
Ni la llama te abrasará.
Porque Yo soy el SEÑOR tu Dios,
El Santo de Israel, tu Salvador.

—ISAÍAS 43:1-3

Padre, la presión ha venido de todas las direcciones en formas que nunca imaginé que fueran posibles. Las probabilidades están en mi contra y no sé qué hacer. Pareciera que todas las formas de seguridad terrenal me hubieran fallado. Todo eso me ha decepcionado. Clamo a Ti ahora, Señor Jesús, humillado por estas circunstancias y por mi incapacidad de ayudarme a mí mismo. Por favor, perdóname por poner mi confianza en otras cosas antes que en Ti. Tú eres lo único que tengo, Señor Dios. Ahora veo que eres lo único que realmente necesito.

Padre, estoy agradecido de que nunca me abandones, pero siempre eres tan fiel y bondadoso, incluso cuando no lo merezco. Pienso en lo que dijo David:

«Esperé pacientemente al SEÑOR;
Y Él se inclinó a mí y oyó mi clamor.
Me sacó del hoyo de la destrucción,
    del lodo cenagoso;
Asentó mis pies sobre una roca y afirmó mis pasos»
    (Salmos 40:1-2).

Así es como se siente esta situación, Padre. Cuando intento conseguir un punto firme de apoyo, me hundo cada vez más en las arenas movedizas del problema. No obstante, Tú puedes asentar mis pies sobre un lugar firme. Confío en que me ayudarás y llenarás mi boca de un himno de alabanza a Ti.

Ayúdame ahora, Señor Dios. Como lo hizo David, yo oro:

«Tú, oh SEÑOR, no retengas Tu compasión de mí;
Tu misericordia y Tu fidelidad me guarden continuamente,
Porque me rodean males sin número;
Mis iniquidades me han alcanzado, y no puedo ver;
Son más numerosas que los cabellos de mi cabeza,
Y el corazón me falla.

Ten a bien, oh SEÑOR, libertarme;
Apresúrate, SEÑOR, a socorrerme» (Salmos 40:11-13).

Como lo hizo David, yo acudo a Ti, Señor. Reconozco que mis caminos me están derrotando, pero que Tú me llevas a la liberación. Muéstrame el pecado en mi corazón para que pueda arrepentirme. Guíame en terreno llano para que pueda servirte. Que esta situación se convierta en un testimonio de Tu poder redentor y Tu gracia para que muchos vean, crean y confíen plenamente en Ti.

Cuando pienso en todas las veces que me has ayudado, Señor Dios, estoy muy agradecido por Tu mano salvadora. Sé que puedes hacer cualquier cosa, nada es imposible para Ti. Puedes redimir esta situación y sacar algo bueno de ella como ya lo has hecho tantas veces. Así que sálvame, Señor. Tú eres mi ayuda y mi libertador. Pongo mi confianza en Ti y alabo Tu santo nombre.

En el nombre de Jesús, te lo pido. Amén.

CUANDO TENEMOS QUE
pelear una batalla

No vale sabiduría, ni entendimiento,
Ni consejo, ante el Señor.
Se prepara al caballo para el día de la batalla,
Pero la victoria es del Señor.
—PROVERBIOS 21:30-31

Padre, cuán agradecido estoy por Tu protección, guía y fortaleza. Gracias por ser mi comandante supremo. En verdad, no existe un defensor, un guerrero ni un rey como Tú, en el cielo ni en la tierra. Independientemente de los enemigos o los desafíos en mi camino, Tú los vences con facilidad. Sin importar los conflictos y las pruebas que enfrento, Tú siempre eres triunfante. Estoy agradecido por Tu amor y por Tu guía.

Señor, reconozco que Tú observas toda la batalla que está delante de mí y sabes exactamente qué hacer. También entiendo que percibo el conflicto solo en parte: solamente veo lo que resulta inmediatamente evidente. No obstante, Tú luchas de maneras que ni siquiera yo puedo imaginarlo, tanto con armamento como con estrategias espirituales y físicas que son mucho mejores que mi entendimiento o mis capacidades. Tú eres todopoderoso y omnisciente y todo está en Tu presencia. Nadie en el cielo ni en la tierra puede ayudarme más que Tú. Por tanto, sé que permanezco más firme y soy más fuerte cuando estoy en sumisión a Ti. Estoy más seguro cuando camino en el centro de Tu voluntad. Por lo tanto, Padre, Tú eres mi líder y yo te seguiré. Te obedezco, Señor, al saber que solo puede haber un General que decida en el plan de batalla.

Padre, ayúdame a no enojarme o a ponerme a la defensiva con los que atacan, sino a siempre ser tan perdonador y misericordioso como Tú lo eres. Guarda mis labios, Señor. Ayúdame a recordar siempre que gran parte de esta batalla es espiritual y, a menudo, las personas actúan como actúan por razones que incluso ellos mismos desconocen. Mi deber es obedecerte y representarte bien. Por tanto, Tú me pides que acuda a Ti en oración y en privado cuando surjan conflictos, y a no luchar en público con palabras ni acciones. Así que eso es lo que haré, Padre. Asimismo, Señor, cuando tengo hambre, enojo, soledad o cansancio, recuérdame lo vulnerable que soy y que necesito refugiarme en Ti. Sin importar lo que pase, no escaparé ni cederé al miedo, sino encontraré mi fortaleza en Ti.

Gracias por estar siempre disponible y por llevarme al éxito a pesar de la batalla. Gracias por obrar a través del Espíritu Santo para guiarme estratégicamente en torno a las trampas del enemigo, para conferirme la capacidad de luchar, para vencer todo obstáculo, para sanar mis heridas de la batalla y para llevarme a la victoria. Gracias por revelarte a mí y a los demás a través de esto. Ayúdame a esperar en Tu perfecto tiempo, a confiar en Ti en cada paso del camino y a estar dispuesto a obedecerte en todo lo que pidas. A Ti sea toda la gloria, el honor, el poder y la alabanza en cada triunfo.

En el nombre de Jesús, te lo pido. Amén.

CUANDO TENEMOS
que superar adversidades

Él habló, y levantó un viento tempestuoso
Que encrespó las olas del mar.
En su angustia clamaron al Señor
Y Él los sacó de sus aflicciones.
Cambió la tempestad en suave brisa
Y las olas del mar se calmaron.
Entonces se alegraron, porque las olas se habían aquietado,
Y Él los guio al puerto anhelado.
Que den gracias al Señor por Su misericordia
Y por Sus maravillas para con los hijos de los hombres.
—SALMOS 107:25, 28-31

Padre, estoy tan agradecido de que Tú seas mi Dios en la oscuridad y la luz, la adversidad y la bendición. Tú conoces todo sobre esta adversidad que ha surgido en contra de mí. Nada de eso es una sorpresa para Ti, y por eso, estoy muy agradecido, porque esto está fuera de mi control. Sin embargo, todo el cielo y la tierra están a Tus órdenes, mi Señor y mi Dios. Así que clamo a Ti para que me ayudes a superar esta tempestad.

Jesús, sé que hay veces que envías tempestades con un propósito específico, como lo hiciste cuando estabas con los discípulos. Ordenaste que zarparan, aunque, en Tu perfecta sabiduría, Tú sabías que el mal clima estaba por delante. No obstante, en esto, ellos vieron su propia falta de fe y lo mucho que necesitaban confiar más en Ti.

Tuvieron que percibirte como el único que puede ordenar al viento y a las olas. Necesito eso también, Señor. Debo aprender qué significa que verdaderamente Tú eres Dios en esta situación y en todos los aspectos.

Por tanto, Padre, declaro mi confianza en Ti. Te agradezco por Tu constante presencia conmigo en estos momentos difíciles. Tú eres mi esperanza y mi suficiencia. Confío en Tus propósitos, que, a través de estas tempestades, Tú me estás preparando para los maravillosos planes que Tú tienes para mi vida. Gracias por perfeccionar mi fe, por hacerme un testimonio de Tu amor y provisión, por influir en los demás a través de mí y por enseñarme a ver mis circunstancias desde Tu perspectiva.

Padre, ayúdame a discernir si los pensamientos negativos que tengo son un ataque espiritual, y guíame a los versículos de Tu Palabra a los que pueda recurrir como defensa. También oro para que siempre me ayudes a alabarte, justamente porque eres digno de todo el honor y la gloria. En verdad, es bueno darte gracias y declarar Tu bondad amorosa. Que yo siempre sea un testigo fiel de Tu inquebrantable bondad y gracia, independientemente del clima.

Gracias, Señor, por ser misericordioso y compasivo conmigo y por cuidarme cuando me siento tan débil e incapaz. Me has dado esperanza y propósito cuando yo los había perdido. Gracias por ayudarme a soportar este caos oscuro y tormentoso. Llévame por el camino perfecto de Tu voluntad para que pronto pueda caminar a la luz de Tus promesas cumplidas.

En el nombre de Jesús, te lo pido. Amén.

CUANDO HEMOS
fracasado

Mi carne y mi corazón pueden desfallecer,
Pero Dios es la fortaleza de mi corazón y mi porción para
*   siempre.*
Estar cerca de Dios es mi bien;
En Dios el Señor he puesto mi refugio,
Para contar todas Tus obras.

—SALMOS 73:26, 28

Padre, vengo ante Ti y me siento tan indigno y abatido. He fracasado. Lo que intenté no ha funcionado. Lo que pensaba que eran fortalezas se revelaron como mis debilidades. Parecía que mis esfuerzos habían sido en vano porque sin importar cuánto lo intenté, demostré ser incompetente y no tuve éxito. No puedo evitar pensar en lo humillante que será ver a todas las personas que esperaban derrotarme y alegrarse por mis fracasos. Por supuesto, incluso eso no será tan difícil como enfrentar a quienes pusieron su confianza en mí y sepan que los decepcioné. Lo peor de todo, Padre, es saber que te represento y no he alcanzado a exaltarte. Que ninguno que te sirva sea avergonzado por mi culpa.

Señor, no sé qué hacer. Cuán agradecido estoy de que Tú me escuches cuando me siento tan deprimido y sigas amándome incondicionalmente. Gracias por no abandonarme. Mi impulso es clamar: «¿Por qué yo? ¿Qué hice para merecer esto? ¿Por qué permitiste que me metiera en este lío?». Sin embargo, sé que esto fue mi error, Padre.

Así que, en su lugar, te pido que me muestres de qué manera contribuí a esta derrota y qué puedo hacer para enmendarla. ¿Cómo puedo volver al centro de Tu voluntad y obedecerte para que puedas redimir esta situación?

Padre, quiero escuchar lo que tengas que decir. Inclinaré mi corazón para escucharte y saber que Tú puedes sacar algo bueno de esto. Dijiste en Tu Palabra que suplirías todas mis necesidades según Tus riquezas en gloria en Cristo Jesús y necesito Tu ayuda en esta lucha. Muéstrame lo que no funciona, Padre, para que pueda arrepentirme y andar en Tus caminos. Enséñame a confiar más en Tu fortaleza y sabiduría que en la mía, porque reconozco que no soy suficiente en mí mismo.

Padre, gracias por ayudarme a enfrentar con valentía a todas las personas que celebran mi fracaso. Gracias por enseñarme a hacer lo correcto con aquellos a quienes he defraudado. Gracias por enseñarme a exaltarte en verdad.

Gracias, Padre, porque nada de esto se desperdicia en Tu economía. Me rindo por completo a Ti y acudo a Ti para sacar lo bueno de esta experiencia. También te agradezco porque mi valor no está determinado por la situación ni los fracasos pasados, presentes o futuros. Mi identidad está en Ti, Señor Jesús. Y eso me hace triunfar independientemente de mis circunstancias. Ayúdame a aferrarme a esa verdad en los lugares más profundos de mi corazón. Te alabo por darme siempre esperanza y recordarme que lo mejor está por venir.

En el nombre de Jesús, te lo pido. Amén.

CUANDO HEMOS
pecado

Si confesamos nuestros pecados, Él es fiel y justo para perdonar-nos los pecados y para limpiarnos de toda maldad.

—1 JUAN 1:9

Padre, perdóname. Reconozco que he pecado contra Ti y que he quebrantado Tu santa ley. He hecho eso específicamente al [confiesa tu transgresión a Dios]. Gracias por Tu Espíritu Santo y por convencer-me de lo que he hecho mal. Afirmo que estás justificado en lo que has hablado de mí. Como dijo David, yo te pido: «Ten piedad de mí, oh Dios, conforme a Tu misericordia; conforme a lo inmenso de Tu compasión, borra mis transgresiones» (Salmos 51:1).

Padre, sé que he cometido este pecado por mi propia comodidad, seguridad y placer. También reconozco que este mal tiene sus raíces profundas dentro de mí, que tengo patrones de comportamiento y de pensamiento que me hacen caer en la tentación. Por lo tanto, Padre, te pido que me enseñes Tus caminos y me ayudes a andar en ellos. Erra-dica las mentiras destructivas que creo en lo profundo de mi alma, sana las heridas y vuelve a capacitarme para caminar de una manera piadosa que te honre a Ti.

Me arrepiento, Padre. Cambio de mi dirección a la Tuya. Así que, a medida que abordas el mal en mí, te obedeceré, aunque no com-prenda totalmente. Gracias por perdonar mi pecado, por limpiar mi corazón y por adaptarme a Tu carácter santo. Te adoro, mi Señor y mi Dios, y busco honrarte en todos mis caminos.

En el nombre de Jesús, te lo pido. Amén.

CUANDO TENEMOS
fortalezas espirituales

Si el Hijo los hace libres, ustedes serán realmente libres.
—JUAN 8:36

Padre, te amo y te alabo. Estoy muy agradecido porque puedo depender de Ti totalmente y de Tu obra liberadora en mi vida. Gracias por identificar los ídolos y las fortalezas espirituales que han impedido mi relación contigo y por ayudarme a ser libre de ellos. Mis manos y mi corazón están abiertos a Ti, Señor Jesús.

Padre, confieso la tensión y la frustración que siento al dejar de lado estas fuentes dañinas de seguridad y valor. Por favor, perdóname por tratar de encontrar mis propias soluciones, al intentar «ayudarte» a acelerar el proceso, por estar poco dispuesto a ceder el control y por la manera en que he puesto mis deseos antes que Tus deseos para mí. Señor Dios, quiero que seas primero en mi vida y a Ti quiero confiarte completamente mi futuro. Quiero que estés en el trono de mi corazón. Así que, Padre, por favor, revela si estoy guardando algún ídolo más y líbrame de ellos.

Señor, muéstrame claramente qué pensamientos me están haciendo tropezar y cuánto de mi tiempo y energía invierto en deliberaciones y actividades que no te honran. Reemplaza mis creencias erróneas con Tu maravillosa verdad. Ayúdame a ponerte siempre en primer lugar y a organizar todas las demás prioridades de una manera que te agrade. Señor Dios, enséñame a ser disciplinado para buscarte en lugar de aferrarme a cualquier cosa de este mundo.

Te alabo, Padre, porque sé, sin lugar a duda, que Tú tienes en mente mis mejores intereses y que, sin importar lo que Te presente a Ti, Tú me das a cambio algo mucho mejor. Gracias por amarme.

En el nombre de Jesús, te lo pido. Amén.

CUANDO NOS VEMOS
afectados económicamente

No seas sabio a tus propios ojos;
Teme al SEÑOR y apártate del mal.
Será medicina para tu cuerpo
Y alivio para tus huesos.
Honra al SEÑOR con tus bienes
Y con las primicias de todos tus frutos;
Entonces tus graneros se llenarán con abundancia
Y tus lagares rebosarán de vino nuevo.
Hijo mío, no rechaces la disciplina del SEÑOR
Ni aborrezcas Su reprensión,
Porque el SEÑOR ama a quien reprende,
Como un padre al hijo en quien se deleita.

—PROVERBIOS 3:7-12

Señor Dios todopoderoso, te reconozco como mi gran proveedor y sustentador. Gracias por siempre darme esperanza. Esta situación financiera a la que me estoy enfrentando es abrumadora. Sé que, como creyente, no debo poner demasiado énfasis en el dinero, ya que te sirvo a Ti, Señor Dios, no a las posesiones. No obstante, esta situación me pone tan ansioso debido a las necesidades básicas de sobrevivencia, como la comida, la medicina y un lugar de refugio. El no saber cómo satisfacer esas necesidades me preocupa. Cuán agradecido estoy de que mi vida está en Tus manos.

Señor, sé que he cometido errores financieros y que no siempre te he honrado con mis decisiones. Con demasiada frecuencia he confiado en mis propios recursos y posesiones por seguridad; y en ocasiones no te he atribuido todas las bendiciones que tengo. Por favor, perdóname, Padre. Sé que todo lo que tengo viene de Ti. Muéstrame una vez más que solo Tú eres mi refugio, el único que verdaderamente me provee.

Señor, tienes todo el poder para redimirme de esta carga y deuda. Líbrame de esta crisis, Señor Dios. Enséñame a andar en Tus caminos para que esta aflicción no me destruya, sino que se convierta en un testimonio de Tu gran poder para salvar. Enséñame a transmitirte mi dependencia de las formas terrenales de riqueza.

Padre, sé que depender de Ti comienza con el acto de fe de diezmar. Perdóname por las veces que te he robado al no obedecer este mandamiento de reconocer que eres la fuente de todo lo que tengo. Ahora mismo reclamo Tu promesa: «Traigan todo el diezmo al alfolí, para que haya alimento en Mi casa; y pónganme ahora a prueba en esto [...] si no les abro las ventanas de los cielos, y derramo para ustedes bendición hasta que sobreabunde. Por ustedes reprenderé al devorador, para que no les destruya los frutos del suelo» (Malaquías 3:10-11).

Señor, doy el paso de la fe y llevo mis ofrendas a Tu altar en reconocimiento de que Tú eres Dios. No necesitas nada de lo que tengo. Sin embargo, me pides que lo lleve como acto de adoración que incrementa mi fe en Ti. Este es mi primer paso, Padre. Ayúdame a andar en Tu camino para que pueda ser un buen administrador de todo lo que me has dado gratuitamente y así pueda encontrar la victoria en esta crisis.

Revela Tu gloria para que pueda ver que de Tu mano viene todo lo bueno. Sin duda alguna, Padre, a la persona que confía en Ti nunca le faltará nada que verdaderamente necesite. Guíame, Señor Jesús; confío en Ti. Gracias por ayudarme y proveerme. Gracias por escuchar mi oración.

En el nombre de Jesús, te lo pido. Amén.

CUANDO PERDEMOS
a alguien debido a conflictos

Nunca paguen a nadie mal por mal. Respeten lo bueno delante de todos los hombres. Si es posible, en cuanto de ustedes dependa, estén en paz con todos los hombres. Amados, nunca tomen venganza ustedes mismos, sino den lugar a la ira de Dios, porque escrito está: «MÍA ES LA VENGANZA, YO PAGARÉ», *dice el Señor.* «PERO SI TU ENEMIGO TIENE HAMBRE, DALE DE COMER; Y SI TIENE SED, DALE DE BEBER, PORQUE HACIENDO ESTO, CARBONES ENCENDIDOS AMONTONARÁS SOBRE SU CABEZA». *No seas vencido por el mal, sino vence el mal con el bien.*

—ROMANOS 12:17-21

Padre, hoy tengo el corazón bastante apesadumbrado. A nadie le gusta el conflicto, pero este ha separado a seres queridos, y eso es particularmente doloroso. Por lo tanto, pido Tu sabiduría respecto a cómo afrontarlo todo. Padre, por favor, protege a todos los que están en esa situación de aferrarse a la falta de perdón y a la amargura. No dejes que la esclavitud del remordimiento o la tentación de culpar a los demás tenga un punto de apoyo en nosotros. Muéstranos a cada uno de nosotros dónde nos hemos extraviado de Tu camino y ayúdanos a retroceder y considerar si este conflicto verdaderamente vale la pena como para perder relaciones importantes. Guíanos a Tu verdad y danos ojos espirituales para entender qué es lo que impulsa este desacuerdo, porque todos necesitamos Tu perspectiva y sabiduría, Señor.

Padre, estoy muy agradecido de que puedo acudir a Ti en estos momentos. Sé que te preocupas por estas relaciones y también por la dinámica detrás de los desacuerdos. Definitivamente, sé que puedo aprender mucho de los conflictos, de manera específica, cuáles son mis mecanismos de defensa, mis miedos, mis puntos desencadenantes y cómo es que aún no alcanzo Tu imagen y carácter. Tú conoces la personalidad, las fortalezas y los defectos de cada uno, y nos amas sin importar nada. Ayúdanos a amarnos unos a otros también. Muéstranos cómo enfrentarnos a las tensiones de los conflictos para así poder descubrir Tu solución sabia y sana a cada problema.

Jesús, en Tu oración en Juan 17, Tú pediste que haya unidad entre los creyentes: «Para que sean uno, así como Nosotros somos uno: Yo en ellos, y Tú en Mí, para que sean perfeccionados en unidad, para que el mundo sepa que Tú me enviaste, y que los amaste tal como me has amado a Mí» (vv. 22-23). Eso es lo que Tú deseas, que demostremos que somos discípulos mediante el amor que tenemos mutuamente.

Ayúdanos a no perder nuestro testimonio ni deshonrar Tu nombre, Jesús. Oro para que, bajo el liderazgo de Tu Santo Espíritu, Tu pueblo sea «más bien amables unos con otros, misericordiosos, perdonándose unos a otros, así como también Dios los perdonó en Cristo» (Efesios 4:32). Eso no significa que debamos comprometer cuestiones serias; más bien, significa que debemos tratarnos unos a otros como Tú lo haces: amorosamente y con compasión, paciencia, gentileza y dominio propio.

Por tanto, Padre, hazme pacificador, conforme a Tu corazón. Si hay alguna forma de salvar estas relaciones, por favor, muéstrame cómo hacerlo. Gracias por ser nuestra paz y suficiencia en todas las cosas, Señor Jesús. Infunde armonía de nuevo en estas relaciones y únenos más a Ti.

En el nombre de Jesús, te lo pido. Amén.

CUANDO FALLECE
un ser querido

Pero no queremos, hermanos, que ignoren acerca de los que duermen, para que no se entristezcan como lo hacen los demás que no tienen esperanza. Porque si creemos que Jesús murió y resucitó, así también Dios traerá con Él a los que durmieron en Jesús. Por lo cual les decimos esto por la palabra del Señor: que nosotros los que estemos vivos y que permanezcamos hasta la venida del Señor, no precederemos a los que durmieron.

—1 TESALONICENSES 4:13-15

Señor Jesús, tengo mucha dificultad para procesar que mi ser querido ya no está. Sé que no lloro como alguien sin esperanza. Sin embargo, en este momento, es difícil creer que la vida volverá a ser normal, y mucho menos pacífica ni buena. Esta separación cambia mucho. Me he quedado con un hueco tan profundo en mi vida y no sé cómo seguir adelante. Es muy doloroso.

Gracias, Señor Jesús, por prometer: «Bienaventurados los que lloran, pues ellos serán consolados» (Mateo 5:4). Necesito Tu consuelo, Tu amorosa presencia y Tu paz. Gracias por no pedirme ni esperar que reprima estos sentimientos dolorosos, porque eso solo empeoraría las cosas. En su lugar, Señor, Tú enséñame a llorar, como Tú lo hiciste en la tumba de Lázaro, en la ciudad de Jerusalén, y como oraste en Getsemaní antes de Tu muerte. En verdad, Tú comprendes cómo me siento y me ministras en mi agonía porque Tú eres «varón de dolores y experimentado en aflicción» (Isaías 53:3). Tú secas mis lágrimas y ministras mi corazón.

Señor, estoy abrumado y cansado en cuerpo, mente, alma y espíritu. Ayúdame a apoyarme en Ti, ser paciente conmigo mismo y tomar las cosas a un ritmo que pueda manejar. No permitas que ahogue el dolor de maneras poco sanas, que siga adelante demasiado rápido ni que espere mucho más de mí mismo que lo que necesito. Sé que este es un momento en que necesito ser especialmente cuidadoso cuando se trata de tomar decisiones importantes. También comprendo que habrá muchas etapas de mi duelo a medida que asimilo esta nueva realidad con la ausencia de mi ser querido. Jesús, por favor, ayúdame a no ceder a la ira, la culpa, la amargura o la desesperación. Enséñame a aceptar esta pérdida con Tu gracia y Tu sabiduría. Sé que, si camino contigo paso a paso cada día, superaré esto.

Asimismo, oro por los demás afectados por esta pérdida. Sé lo difícil que esto es para ellos también. No permitas que se vuelvan a las formas destructivas de calmar su dolor; en su lugar, que se aferren a Ti en su duelo. De la misma manera, ayúdame a no ser tan consumido por mi propio dolor que deje de apoyarlos en su dolor. Aunque tenga la tentación de aislarme de otros, por favor, dame las fuerzas y la sabiduría para estar presente con ellos y ministrarles con Tu amor.

Padre, ayúdame a llorar con un sentido de esperanza y propósito. Ahora mismo estoy en agonía y no entiendo por qué ha acontecido tal pérdida. Ayúdame a enfrentar cada día recordando que Tú también has caminado por el valle de la muerte. Tú también sabes lo que se siente estar separado de un ser querido. Te agradezco, Jesús, por nunca dejarme ni abandonarme. Gracias por amarme, por responder a los clamores de mi corazón y por obrar Tus propósitos divinos en esta situación. Señor, incluso en este dolor, Tú eres bueno. Enséñame a aceptar mi nueva realidad con fe y a honrar la memoria de mi ser querido de una manera que sea agradable a Ti. Toma mi angustia y haz una buena obra en mí que pueda glorificarte.

En el nombre de Jesús, te lo pido. Amén.

CUANDO PERDEMOS
a un ser querido debido a la distancia

Porque Dios me es testigo de cuánto los añoro a todos con el entrañable amor de Cristo Jesús. Y esto pido en oración: que el amor de ustedes abunde aún más y más en conocimiento verdadero y en todo discernimiento, a fin de que escojan lo mejor, para que sean puros e irreprensibles para el día de Cristo; llenos del fruto de justicia que es por medio de Jesucristo, para la gloria y alabanza de Dios.

—FILIPENSES 1:8-11

Padre, Te agradezco mucho por mi ser querido, ___[nombre]___, y por Tus planes para su vida. Qué reconfortante es saber que no importa lo alejados que estemos, aún estamos bajo Tu cuidado vigilante. Te pido que le des a ___[nombre]___ misericordia mientras viaja y en todo lo que respecta a este paso. También pido que, mientras ___[nombre]___ se acostumbra a su nuevo entorno, que lo ayudes a encontrar todo lo que necesite. Te pido esto especialmente mientras ___[nombre]___ busca un grupo local de creyentes con los que pueda adorar y reunirse, quienes les ayuden a poner su fe en Ti. Que ___[nombre]___ crezca en su relación contigo. Dale a ___[nombre]___ el gozo y las bendiciones en su nuevo destino y que brille intensamente como testimonio de Tu gracia.

Padre, por favor, no permitas que esta distancia disminuya o dificulte nuestra relación. Te agradezco por la tecnología que puede ayudarnos a mantenernos en contacto. Sin embargo, aún más, te agradezco por el Espíritu Santo, que mantiene unidos nuestros espíritus. Recuérdanos que debemos orar unos por los otros, contactarnos y apoyarnos mutuamente. Además, cuando ___[nombre]___ se adapte a la nueva localidad o se sienta solo, recuérdale que tiene a muchos que lo aman.

Muchas gracias por el camino que tienes para ___[nombre]___ y por todo lo que has planeado para su vida. Espero con ansias todo lo que Tú harás a lo largo de su vida. Que la bendición, la protección y la provisión abundantes estén en su vida ahora y para siempre.

En el nombre de Jesús, te lo pido. Amén.

CUANDO PERDEMOS ALGO
que nos ha costado trabajo

Desnudo salí del vientre de mi madre
Y desnudo volveré allá.
El Señor dio y el Señor quitó;
Bendito sea el nombre del Señor.

—JOB 1:21

Señor, cuán agradecido estoy de poder abrir mi corazón a Ti. Me acerco a Tu trono de gracia confundido y dolido. Sé que nada afecta mi vida aparte de lo que permitas. Sin embargo, realmente no entiendo esto porque yo creo que caminaste conmigo y me guiaste para lograr lo que ahora está perdido. Lo que empeora la situación es que todo parece tan injusto.

Así que, Padre, pongo esta situación en el altar delante de Ti. Protégeme, Padre, no permitas que me vuelva amargado ni que el pecado tenga dominio sobre mí. Ayúdame a perdonar a los implicados de esta pérdida y, por favor, dame gracia para mis propios errores. Confieso el orgullo de pensar que yo sé mejor y me arrepiento de ello. Tú eres Dios; yo no. Tú diriges mi vida y haces que todas las cosas cooperen para bien.

Muéstrame esta pérdida desde Tu perspectiva, Señor Jesús, como un cambio de dirección en el camino en lugar del final del camino. Te alabo porque Job, José, Moisés, David y muchos más en las Escrituras experimentaron algo similar, pero Tú los llevaste a tener mayores bendiciones y utilidades de los que ellos pudieron haberse imaginado.

Por tanto, como el apóstol Pablo dijo: «Olvidando lo que queda atrás y extendiéndome a lo que está delante, prosigo hacia la meta para obtener el premio del supremo llamamiento de Dios en Cristo Jesús» (Filipenses 3:13-14). Es difícil, Padre, pero lo acepto. Sé que este será un proceso que tendré que repetir porque este logro fue tan personal, como si fuera parte de mí. Sin embargo, inclino mi corazón para honrarte. Sé que, en Tu economía, nada de lo que empiezas realmente se pierde, sino continúa hasta el día de la redención. Incluso prometes que restituirás «los años que comió la langosta» (Joel 2:25, RVR1960), así que ni siquiera se pierde tiempo. Las partes materiales pueden haber desaparecido, pero las lecciones, el crecimiento y el impacto espiritual continúan, y nadie puede quitarme eso. Gracias, Padre.

Te alabo, Señor Dios, porque estás en todo esto y puedo confiar en Ti. Te alabo porque en Ti siempre hay esperanza. Gracias, mi Señor y mi Salvador. Verdaderamente, eres bueno y vendrán mejores días. Adoro Tu santo nombre.

En el nombre de Jesús, te lo pido. Amén.

CUANDO DEBEMOS PASAR
por una situación difícil

Nadie te podrá hacer frente en todos los días de tu vida. Así como estuve con Moisés, estaré contigo. No te dejaré ni te abandonaré. Sé fuerte y valiente, porque tú darás a este pueblo posesión de la tierra que juré a sus padres que les daría. Solamente sé fuerte y muy valiente. Cuídate de cumplir toda la ley que Moisés Mi siervo te mandó. No te desvíes de ella ni a la derecha ni a la izquierda, para que tengas éxito dondequiera que vayas.

—JOSUÉ 1:5-7

Jesús, hoy me presento ante Ti como Tu seguidor y como alguien a quien los demás acudan para que los guíe y como un ejemplo a seguir. Tú sabes la situación que tenemos ante nosotros, lo complicado, lo desafiante e incluso lo doloroso que será. Lo pongo en el altar delante de Ti. Sé que habrá decisiones difíciles que tomar en los días venideros y necesito Tu sabiduría y gracia para eso. Solo Tú puedes guiarnos, Padre, porque solo Tú ves lo suficientemente lejos como para saber lo que se encuentra detrás de cada esquina y cómo superar cada obstáculo exitosamente.

Señor, confieso que no siempre Te he representado bien ante aquellos que me has dado para guiar. Revela las conductas orgullosas en mí y todo lo que he hecho que te haya deshonrado para que yo los confiese y me arrepienta. Cuán agradecido estoy por Tu gracia y porque siempre puedo acudir a Tu trono en confianza. Gracias porque siempre me recibes y porque a menudo obras bien a pesar de mis defectos.

Muéstrame lo que debo hacer, Padre. Guíame paso a paso. Pienso en el centurión que dijo: «Solamente di la palabra [...] Porque yo también soy hombre bajo autoridad, con soldados a mis órdenes; y digo a este: "Ve", y va; y al otro: "Ven", y viene» (Mateo 8:8-9). Jesús, Tú te maravillaste de la fe del centurión, y ese es el tipo de confianza en Ti que quiero y necesito tener. Así que, Señor, sé mi comandante supremo. Solamente di la palabra, Jesús. Quiero enfrentar cada desafío y obstáculo con Tu sabiduría y fortaleza. Como dijo el rey Josafat, yo digo: «No sabemos qué hacer; pero nuestros ojos están vueltos hacia ti» (2 Crónicas 20:12, LBLA). Como Josafat, confío en que veré Tu poder sobrenatural y Tu provisión en esta situación.

Así que, Jesús, te pido que hagas de mí un líder conforme a Tu propio corazón. Ayúdame a ver lo que necesita mi gente y cómo guiarlos mejor, incluso mientras te pongo siempre delante de mí. Cuando surgen conflictos, enséñame a ser pacificador. Guarda mi corazón de la amargura y la falta de perdón y ayúdame a ser siempre un buen ejemplo de Tu amor, sabiduría y gracia. Guíame a hacer los sacrificios que necesito hacer sin remordimiento, y a aferrarme confiadamente a todo lo que Tú has prometido. Fortalece las cuerdas que nos unen como un equipo. Que todos los que vean la realización de este desafío te vean de una manera poderosa que los lleve a amarte más.

Sé que no tengo nada que temer, porque Tú estás conmigo, Señor Jesús. Yo te sigo. Solamente di la palabra y nosotros obedeceremos. A Ti sea toda la gloria en esto y en toda situación.

En el nombre de Jesús, te lo pido. Amén.

CUANDO DEBEMOS
superar las heridas del pasado

Tú deseas la verdad en lo más íntimo,
Y en lo secreto me harás conocer sabiduría.
Purifícame con hisopo, y seré limpio;
Lávame, y seré más blanco que la nieve.

—SALMOS 51:6-7

Padre, gracias por comenzar a mostrarme todas las maneras en que la ansiedad, el dolor y las mentiras arraigadas del enemigo han socavado mi vida. Coincido contigo en que mis caminos pecaminosos, mis miedos y mis mecanismos de defensa no logran nada más que dolor. Sé que, si realmente quiero sanar, debería centrarme en Ti, mi Salvador fiel y amoroso, quien me hace libre por Su verdad. Gracias, Señor, por obrar en mí y por liberarme de la esclavitud.

Por lo tanto, Padre, te pido que hagas lo que solamente Tú puedes hacer en estas áreas de heridas emocionales. Errádicalas, Señor Dios. Solo Tú conoces todas las áreas donde el dolor permea vida, por lo que me faltan la paz y la confianza en mí mismo. Solo Tú entiendes por qué y cómo las preocupaciones de la vida me destruyen. Así que encomiendo cada aspecto de mi ser a Tu cuidado amoroso.

Padre, confieso que he estado a gusto con mis malos mecanismos de defensa y tengo miedo de avanzar por fe en obediencia a Ti. Sin embargo, Señor, ya no quiero vivir así. Reconozco que mi ansiedad me mantiene atado y me impide percibir lo mejor de Ti para mi vida.

Por lo tanto, Padre, por favor, arranca las dudas que se convirtieron en obstáculos para mi fe. Enséñame a erradicar las mentiras del enemigo y a reemplazarlas con la verdad de Tu Palabra. Cuando sea tentado a ocultarme por miedo al fracaso, por ser hallado indigno o por ser juzgado como inepto, por favor, enséñame a avanzar por fe y confianza en Ti. Revela y reemplaza los pensamientos que confunden, afectan y dividen mi mente. Saca a la luz los patrones de conducta que hacen que yo sea destructivo tanto en mis relaciones como en mi salud física, y restaura lo que fue destrozado.

Señor Jesús, me encomiendo a Ti, con toda confianza de que me guiarás en el camino de la libertad y el gozo. Gracias por darme la paz que sobrepasa todo entendimiento y restaura mi alma. Gracias, Señor Dios, porque, aunque me aceptes como soy, te importo demasiado como para dejarme en un lugar que es menos que lo mejor de Ti.

En el nombre de Jesús, te lo pido. Amén.

CUANDO NECESITAMOS
ánimo

Esto traigo a mi corazón,
Por esto tengo esperanza:
Que las misericordias del Señor jamás terminan,
Pues nunca fallan Sus bondades;
Son nuevas cada mañana;
¡Grande es Tu fidelidad!
—LAMENTACIONES 3:21-23

Padre, me siento desanimado. La tristeza brota en mí por las desilusiones, las pérdidas, las necesidades profundas y las expectativas no cumplidas. Por supuesto, Tú entiendes mi tristeza aún mejor que yo. Tú ves lo que realmente está causando este profundo dolor y lo que me hace sentir desesperado. Sin embargo, Señor, sé que cuando me enfoco en lo que no tengo, mis problemas o mis lamentos, siempre me abrumarán. Siempre serán más grandes de lo que realmente son. Así que, Jesús, me centraré en Ti. Anímame y consuélame, mi Señor y Salvador.

Recuerdo Tu fidelidad y por eso tengo esperanza. Gracias, Padre, porque siempre cumplirás lo que has prometido. Has prometido darme esperanza y un futuro. Has prometido que nunca me dejarás ni me abandonarás. Me has asegurado que caminarás conmigo en las montañas y los valles de la vida. Te alabo porque eres confiable, firme, infalible, inquebrantable, constante y digno de confianza. Nunca te olvidas, nunca flaqueas y nunca fallas. Tú siempre eres inquebrantablemente fiel en todas las cosas.

Eso es porque Tú, Señor Dios, eres omnisciente, lo sabes todo y, por eso, entiendes cómo prepararme, ayudarme a madurar y guiarme en cada etapa cambiante de la vida. Eres omnipotente: tienes el poder de hacer todo y no te ves obstaculizado por ninguna fuerza en la tierra ni en el cielo. Eres omnipresente: siempre estoy dentro del alcance de Tu mano poderosa y amorosa. Eres inmutable: Tu fidelidad permanece para siempre. Se puede confiar en que guardarás Tus promesas en todas las cosas y en todo tiempo.

Verdaderamente, saber que Tú estás conmigo anima mi corazón y me ayuda a seguir adelante. Haces que todas las cosas obren para mi edificación e incluso las pruebas que experimento son para mi bien y Tu gloria. Tu preciosa Palabra me da seguridad, me orienta durante las etapas cambiantes de la vida y me recuerda que no importa lo que enfrente, puedo hacerlo con absoluta confianza. Me has liberado en muchas pruebas y continuarás haciéndolo. Me has liberado de mi esclavitud y obras en mí constantemente para que camine en Tu libertad. Tu presencia amorosa y fiel estará conmigo hoy y me acompañará en todas mis mañanas.

No hay razón para que mi alma esté abatida, porque puedo poner mi esperanza en Ti, el Rey de reyes, el Señor de señores, mi gran Sumo Sacerdote, Redentor, Defensor y Proveedor. Te alabo por lo maravilloso, amoroso y alentador que eres. Gracias por animarme y consolarme, Padre. Gracias por perdonar mis pecados y enseñarme a caminar en Tu verdad. Gracias porque nada es imposible para Ti. Gracias por las preciosas promesas que me recuerdas y Tu presencia, Tu poder, Tu compasión y Tu bondad amorosa hacia mí. Pondré toda mi esperanza en Ti.

En el nombre de Jesús, te lo pido. Amén.

CUANDO NECESITAMOS

ayuda

Ten piedad de mí, oh Dios, ten piedad de mí,
Porque en Ti se refugia mi alma;
En la sombra de Tus alas me ampararé
Hasta que la destrucción pase.
Clamaré al Dios Altísimo,
Al Dios que todo lo hace para mí.
Él enviará desde los cielos y me salvará;
Él reprocha al que me pisotea.   *(Selah)*
Dios enviará Su misericordia y Su verdad.
                    —SALMOS 57:1-3

Padre, clamo a Ti en esta hora de necesidad. Cuán agradecido estoy de que no me hayas dejado en esta vida para arreglármelas por mi cuenta. Tú eres Dios Altísimo, mi Refugio y mi Protección, mi Escondedero, mi Roca y mi Proveedor. Gracias por ser no solo mi Salvador, sino también mi Señor, libertador, consejero, ayudador y amigo. Gracias porque Tu Espíritu Santo mora en mí para darme toda la sabiduría, la fuerza y la guía que necesito, incluso en este momento en el que todo parece tan nefasto. Eres superior en conocimiento, comprensión y poder. Nada de lo que enfrente o necesite está más allá de Ti.

Estoy muy agradecido por Tu capacidad de liberar, Padre, porque esta necesidad está mucho más allá de lo que soy capaz de satisfacer. No obstante, sé que cuando no puedo evitarlo, Tu «poder se perfecciona en la debilidad» (2 Corintios 12:9) y Tú recibes la mayor gloria. Así que clamo a Ti, Señor Dios. Ten piedad de mí porque solo Tu provisión sobrenatural puede ayudarme en este momento. Inclino mi corazón para obedecerte y me someto a todo lo que me ordenes porque eres fiel para guiarme en este problema. Afirmo que creo que existes, eres bueno y bondadoso y, definitivamente, me ayudarás en este momento de necesidad.

Sé que esta situación tiene como objetivo enseñarme sobre Ti, Padre. Esto es tan imposible para mí que me mostrará que el Señor Dios verdaderamente vive y ayuda a Su gente. Así que abre mis ojos para ver Tu mano que obra y no permitas que siga siendo el mismo. Aléjame de cualquier camino de perversidad en mí, confórmame a Tu semejanza y ayúdame a caminar en el centro de Tu voluntad. Haz de esta situación un testimonio perdurable de Tu bondad amorosa. Que otros escuchen lo mucho que me has ayudado y que confío en Ti.

En el nombre de Jesús, te lo pido. Amén.

CUANDO NECESITAMOS
libramos de los malos hábitos

Para libertad fue que Cristo nos hizo libres. Por tanto, perma-nezcan firmes, y no se sometan otra vez al yugo de esclavitud.
— GÁLATAS 5:1

Padre, acudo a Ti para liberarme de estos malos hábitos y com-portamientos que me tienen espiritualmente atado y en un estado de derrota. Por mucho que he intentado encontrar la libertad por mi cuenta, no he podido hacerlo. Por favor, ayúdame, Señor Dios. Sé que es Tu voluntad que viva la vida cristiana plena y Tú has prometido ayudarme a aferrarme a ello.

Padre, confieso que tengo un problema en el área de ___[hábito]___ y que no puedo corregirlo solo. Sé que este mal hábito surgió como un mecanismo de defensa para combatir situaciones que me han hecho sentir inseguro, temeroso e indigno. Así que cuando lo obser-vo correctamente, este comportamiento destructivo se debe a la incredulidad. Intento consolarme y protegerme en lugar de confiar en Ti. Así que, Padre, ayúdame a nombrar estas inseguridades, mie-dos y cuestiones de autoestima, y enséñame a buscar Tu respuesta a ellas. Me arrepiento de estos patrones de comportamientos dañinos y busco la realización de estas áreas en Ti. Confronta las mentiras que han estado arraigadas en mí desde la niñez y sustitúyelas con Tu verdad.

Padre, yo creo que lo único que importa es lo que Tú digas sobre mí. Te alabo por mi posición en Cristo, que nada en toda la creación puede quitarme. Soy redimido, liberado del pecado y tengo nueva naturaleza. Sé que me guiarás hacia la libertad si me someto a Ti. Gracias por Tu gracia y misericordia, Señor Jesús.

Señor, has prometido que tienes un plan y un futuro para mi vida. Ayúdame a conocerte y amarte más. Gracias por obrar para hacerme sentir completo, emocional, espiritual, física y relacionalmente. Tú quieres que yo sea una persona completa y capaz de disfrutar de Ti, de las relaciones que traes a mi vida y de las bendiciones que has planeado para mí. Gracias por mostrarme dónde me he equivocado y cómo andar en Tu camino. Gracias por hacerme libre. Gracias, Señor Dios, por nunca rendirte conmigo. Te alabo, mi Salvador, y siempre acudo a Ti con esperanza.

En el nombre de Jesús, te lo pido. Amén.

CUANDO NECESITAMOS

sabiduría

Y si a alguno de ustedes le falta sabiduría, que se la pida a Dios,
quien da a todos abundantemente y sin reproche, y le será dada.
—SANTIAGO 1:5

Señor Dios, muchas gracias por estar siempre conmigo, por nunca dejarme ni abandonarme, sin importar lo que pase. Sé que es un privilegio que Tú me hayas invitado a Tu trono de gracia, que pueda recibir misericordia y encontrar gracia que me ayude en mi tiempo de necesidad.

Necesito Tu sabiduría, Padre. Tú conoces mis dudas y mis limitaciones en esto mejor que yo. Gracias no solo por prometer guiarme, sino también por hacerlo generosamente. Cuánto me alegro de que me instruyas en el camino que debo andar y que me aconsejes con Tus ojos puestos en mí.

Estoy muy agradecido porque me guiarás y enderezarás mi camino. Como un Padre amoroso o un pastor noble, me diriges con conocimiento y comprensión. Mientras iluminas el camino delante de mí, también expulsas el pecado de mí, sanas mis heridas, desarrollas mis dones, formas mi carácter y me enseñas más sobre Ti. Gracias, Señor.

Me rodeas como mi perfecto protector y proveedor, y nadie puede romper Tus defensas. Me guías con Tu mano sobre mi hombro y me rodeas con Tu propia presencia inigualable. Gracias porque la única forma en que todo puede llegar a mí es si Tú lo permites para mi edificación y beneficio final. ¡Qué gran tranquilidad le da a mi corazón, que todas las cosas obran para mi bien!

Tú me mantienes seguro en Tu amor inalterable, eterno e inquebrantable. ¡Gracias, Señor! ¡No hay paz como la paz que Tú das, Señor Jesús! Así que todo esto te lo entrego, inclino mi corazón para desear solo Tu voluntad y espero Tu perfecta instrucción. Gracias por abrirme Tu Palabra y por mostrarme lo que debo hacer.

En el nombre de Jesús, te lo pido. Amén.

CUANDO NO VEMOS
ninguna esperanza

Alma mía, espera en silencio solamente en Dios,
Pues de Él viene mi esperanza.
Solo Él es mi roca y mi salvación,
Mi refugio, nunca seré sacudido.
En Dios descansan mi salvación y mi gloria;
La roca de mi fortaleza, mi refugio, está en Dios.
Confíen en Él en todo tiempo, Oh pueblo;
Derramen su corazón delante de Él;
Dios es nuestro refugio. *(Selah)*

—SALMOS 62:5-8

Padre, cuán agradecido estoy de poder esperar en Ti y saber con certeza que no seré avergonzado. Ahora mismo, mientras miro mi situación, no veo ninguna esperanza en el horizonte. Todas las respuestas terrenales no han funcionado y no sé qué hacer. Sé que las desilusiones son inevitables, pero el desánimo es una elección. Así que, aunque me sienta tentado a desesperarme, pondré mi confianza en Ti. Sé que obras para ayudarme en lo invisible y que prometes preparar el camino delante de mí. Gracias, Padre, porque siempre puedo esperar en Ti.

Cuando mi corazón vacila, Señor, por favor, recuérdame que debo dirigir mi atención a Ti. Tú eres omnisciente: sabes y entiendes lo que yo jamás he imaginado. Eres omnipresente: vas donde yo no puedo ir y creas soluciones que ni siquiera sé que existan. Eres omnipotente:

logras todo lo que yo no puedo lograr. Eres amoroso: provees siempre lo que es más beneficioso para mí. Incluso cuando me alejas de algo que pienso que deseo desesperadamente, te agradezco, al saber que me estás protegiendo y guiando hacia una bendición aún mayor.

¡Señor, Tú eres Dios! Tú eres el soberano, el eterno Rey de reyes y Señor de señores; y me amas. No tengo ninguna razón para temer, sin importar cuánto tiempo tenga que esperar o cuántos obstáculos haya en mi camino. No me fallarás ni me abandonarás. Así como creaste la tierra, el sol, la luna y las estrellas, crearás una solución para los anhelos más profundos de mi corazón. Gracias, Padre. ¡Siempre puedo contar contigo!

En el nombre de Jesús, te lo pido. Amén.

CUANDO NUESTRA FE VACILA

porque las promesas de Dios tardan

Porque es aún visión para el tiempo señalado;
Se apresura hacia el fin y no defraudará.
Aunque tarde, espérala;
Porque ciertamente vendrá, no tardará.

—HABACUC 2:3

Padre, Te alabo por las preciosas y magníficas promesas que me das en Tu Palabra. En realidad, eres bueno y compasivo con los que te buscan y consuelas a los que te esperan. Señor, confieso que mientras espero día tras día las promesas que me has hecho, me canso y mi fe ha empezado a flaquear. Padre, creo que existes y que recompensas a los que te buscan seriamente. No obstante, ha aumentado la presión y las circunstancias han empeorado. Cada vez es más difícil controlar mis sentimientos. Simplemente no puedo ver cómo estás resolviendo todo esto y me pregunto si te escuché mal.

Padre, por favor, confírmame Tus promesas. Quiero confiar en Ti de todo corazón, con una fe firme, vibrante e inquebrantable. Has mantenido Tu Palabra y has cumplido Tus promesas en toda la historia y sé que también lo harás conmigo. Sé que mis dudas se deben a mi fe débil y vacilante. Así que, Padre, te pido que me reveles el origen de estas dudas y que me sanes. Enséñame a ser paciente y sabio y a permanecer firmemente en el camino que has preparado para mí, sin importar cuánto tiempo tome o los obstáculos que encuentre. Mantenme en el centro de Tu voluntad, al seguirte con obediencia y honrarte incluso cuando no veo el camino por delante. Pongo mi esperanza en Ti, mi Señor y mi Salvador. Tú eres poderoso, sabio, verdadero, digno de confianza y fiable.

Gracias por revelar Tu voluntad y por ayudarme siempre a perseverar. Enséñame a reclamar activamente Tus promesas y a obedecerte paso a paso en esta etapa de demora. Señor, quiero que Tú gobiernes mi corazón y seas el centro de mi vida. Anhelo encontrar mi gozo en Ti. Anhelo dedicar mi tiempo para adorarte en Tu presencia maravillosa, con pasión por Tu Palabra y con un corazón que anhele orar. Tú eres mi fortaleza, mi consuelo y mi esperanza en tiempos de adversidad. Tú eres la fuente de mi vida, mi deleite, mi paz y mi todo. Decido obedecerte sin importar las consecuencias porque toda mi confianza está en Ti.

Gracias por acercarme más a Ti, por obrar en lo invisible, en mi lugar y por preparar bendiciones que están infinitamente más allá de mis sueños, mis altas aspiraciones y mis deseos más fervientes. Confío en Ti con cada detalle de mi vida y te hago mi principal prioridad. Te espero anhelante, Señor, y sé que veré Tu mano obrar poderosamente en mi situación.

En el nombre de Jesús, te lo pido. Amén.

CUANDO UN SER QUERIDO
nos falla

En mi primera defensa nadie estuvo a mi lado, sino que todos me abandonaron; que no se les tenga en cuenta. Pero el Señor estuvo conmigo y me fortaleció, a fin de que por mí se cumpliera cabalmente la proclamación.

—2 TIMOTEO 4:16-17

Padre, vengo a Ti con un corazón apesadumbrado. En este tiempo de angustia, cuando necesito más a mis seres queridos, parece que están lejos de mí. Me siento traicionado y abandonado. En esto, Señor, te pido que me des entendimiento y gracia para con ellos. Sé que se preocupan por mí a su manera, pero no comprenden las dificultades que estoy enfrentando; y ellos enfrentan sus propios desafíos. Sin embargo, su falta de apoyo es devastadora ahora, Padre.

Ayúdame a no centrarme en lo mucho que he hecho por ellos, sus defectos o cómo podrían incluso estar empeorando esta situación. Eso no te glorifica ni me ayuda en nada. Así que, Padre, por favor, llena mi corazón de perdón. Me regocijo de que esta sea una oportunidad para atravesar esta dificultad contigo y crecer en fe y carácter. La verdad es que también estoy limitado: necesito aprender a ser más sensible y afectuoso con la gente cuando sufren las adversidades de la vida. Por favor, muéstrame las maneras en que he respondido erróneamente a los demás, para que pueda arrepentirme y hacer lo correcto.

Gracias por nunca decepcionarme, Señor Jesús. Siempre estás conmigo. Me sustentas y me das Tu sabiduría y fortaleza. Me consuelas con Tu presencia. Aun cuando nadie más entiende lo que estoy atravesando, Señor Jesús, Tú sí, de una manera más profunda e integral que cualquier persona pudiera.

Por lo tanto, Señor Jesús, fijaré mis ojos en Ti y obedeceré. Llévame a la victoria. Ayúdame a triunfar al amar a los que me rodean, estar ahí para ellos y demostrarles que Tú eres mi roca y mi refugio. Confiaré en Ti, Señor. Gracias porque siempre eres fiel. Te alabo porque Tú nunca me dejas ni me desamparas; más bien, siempre estás conmigo sin importar el desafío que enfrento.

En el nombre de Jesús, te lo pido. Amén.

CUANDO UN SER QUERIDO
tiene una
enfermedad crónica

Bendito sea el Dios y Padre de nuestro Señor Jesucristo, Padre de misericordias y Dios de toda consolación, el cual nos consuela en todas nuestras tribulaciones, para que también nosotros podamos consolar a los que están en cualquier aflicción, dándoles el consuelo con que nosotros mismos somos consolados por Dios.

—2 CORINTIOS 1:3-4

Padre, cuán agradecido estoy de que pueda acercarme a Tu trono de gracia para Tu misericordia, ayuda y entendimiento. Vengo ante Ti hoy por la condición que mi ser querido, __[nombre]__, debe llevar por el resto de su vida. Es tan difícil verlo lidiar con ese diagnóstico y saber que el dolor que __[nombre]__ siente y las limitaciones de esa dolencia nunca lo dejarán, solo empeorarán con el paso del tiempo. Mi corazón está roto por ellos.

Padre, primero te pido sanidad en lugar de __[nombre]__. Sé que restaurarlo milagrosamente hasta tener una salud plena no está fuera del alcance de Tu capacidad. Tu brazo es lo suficientemente poderoso como para salvar. También reconozco que Tú eres el que inspira a los médicos y a los investigadores, y puedes enseñarles a combatir esa condición. Gracias por los tratamientos que inventarás a través de ellos. Te pido que proveas uno que ayude a __[nombre]__.

Confío en que, si es Tu voluntad glorificarte mediante esta enfermedad de esta manera, a través de una curación completa, Tú lo harás. Entonces, toda la gloria, el honor, el poder y la alabanza serán Tuyos en abundancia, Señor. No obstante, si tienes que elegir no curar, sino darnos sabiduría, fuerzas y amor para superar esto, entonces toda la gloria, el honor, el poder y la alabanza seguirán siendo Tuyos. Declaro que confiaré en Ti sea lo que sea que elijas.

Lo que sí pido a nombre de ___[nombre]___, sin importar lo que escojas hacer, es que él te conozca de una manera especial. Consuela a ___[nombre]___ cuando surja la desesperación, el miedo, la ira o la impotencia. Ayuda a que ___[nombre]___ mantenga su esperanza, su sabiduría, su dignidad, su personalidad y su identidad como hijo Tuyo, independientemente de lo que pueda pasar.

Señor, también te pido que les des paciencia a todos quienes cuidan de ___[nombre]___. Esta no es una condición fácil y a menudo ___[nombre]___ inconscientemente puede reaccionar por dolor, frustración, falta de control o una plétora de otros sentimientos. Concede a sus cuidadores comprensión, tolerancia y gracia. Cuando atacamos verbalmente por el cansancio o la frustración, ayúdanos a perdonarnos y a hacer lo correcto.

Jesús, confieso que no comprendo todo esto. No sé por qué lo has permitido o por qué has escogido a ___[nombre]___, y por ende a todos los seres queridos de ___[nombre]___, para que sufran de esta manera. Lo que sí sé es que Tú eres amoroso y bondadoso. No permites que nada toque nuestras vidas sin una buena razón. Necesito que me ayudes a mí y a ___[nombre]___. Así que confiaré en Ti, Jesús. Siempre y cuando Tú tengas esto para nosotros, paso a paso yo pondré mi fe en Ti. Sé nuestra fortaleza y esperanza.

En el nombre de Jesús, te lo pido. Amén.

CUANDO UN SER QUERIDO
está muriendo

Porque sabemos que si la tienda terrenal que es nuestra mora-
da, es destruida, tenemos de Dios un edificio, una casa no hecha
por manos, eterna en los cielos [...] Por eso, ya sea presentes o
ausentes, ambicionamos agradar al Señor.
—2 CORINTIOS 5:1, 9

Padre, me resulta tan difícil admitir la realidad de que pronto mi ser querido ya no estará conmigo. Esta es una noticia increíblemente difícil y trato de evitar afrontarla. No obstante, sé que tengo que hacerlo. Sé que, si no lo afronto, perderé tiempo valioso con ___[nombre]___ y reaccionaré por emoción reprimida y no procesada. Así que, Señor Jesús, por favor, ayúdame. Por favor, dame gracia y sabiduría en esta situación dolorosa.

Padre, si hay alguna forma de sanar a ___[nombre]___, te pido eso ahora. Sé que a veces eliges restaurar a las personas, incluso resucitaste a Lázaro. Así que, si es Tu voluntad, por favor, sana milagrosamente a ___[nombre]___. Sin duda, el tiempo es corto y el pronóstico es grave, pero incluso ahora, Tu brazo sigue siendo bastante poderoso para salvar. Muéstrale a la comunidad médica Tu poder al hacer lo que ellos no pueden.

Sin embargo, Señor Jesús, aunque el destino de ___[nombre]___ esté determinado y Tú decidas no sanarlo en esta vida sino en la vida eterna, confiaré en Ti. Digo esto con el corazón roto y con lágrimas, Padre. Tú sabes lo difícil que será continuar sin él. Tú sabes que su pérdida afectará profundamente a muchos. Sin embargo, tampoco quiero que mi ser querido sufra. Padre, solo Tú tienes la sabiduría para decidir esto y yo estoy agradecido que lo hagas con piedad y gracia por los afectados.

Padre, ayúdanos a todos a decir lo que necesitamos decirle a __[nombre]__ y ayúdalo a hacer lo mismo. Permite que todo amor sea expresado, que todo conflicto sea resuelto, que todo perdón sea concedido y todo ánimo o agradecimiento sea dicho. No obstante, sobre todo, deja que __[nombre]__ se acerque más a Ti. Consuela a __[nombre]__ cuando llegue la realidad. Que Tu paz gobierne su corazón y que confirme y fortalezca su relación contigo. Por favor, alivia su dolor físico, mental y emocional, y permite que __[nombre]__ mantenga su esperanza, dignidad e identidad como hijo Tuyo en estos últimos días.

En realidad, consuélanos a todos, Padre. Necesitamos Tu fortaleza y Tu paz. Ayúdanos a mantener nuestro testimonio durante este momento difícil, al mostrar que no lloramos sin esperanza. Asimismo, enséñanos a no ser tan consumidos en nuestras propias penas que dejemos de apoyar a los demás en sus penas. De hecho, descansamos en la confianza de que, porque nuestro ser querido cree en Ti, lo veremos otra vez. Que los demás vean eso en nosotros y crean en Ti.

En el nombre de Jesús, te lo pido. Amén.

Sección 3

ORACIONES PARA CUANDO OTROS NECESITAN AYUDA

PARA ACEPTAR A JESÚS COMO
Salvador

Y nos mandó predicar al pueblo, y testificar con toda solemnidad que este Jesús es el que Dios ha designado como Juez de los vivos y de los muertos. De Él dan testimonio todos los profetas, de que por Su nombre, todo el que cree en Él recibe el perdón de los pecados.

—HECHOS 10:42-43

Señor Dios, muchas gracias por Tu amor y gracia. Estoy muy agradecido de que me hayas salvado, Señor. Sin duda, Tú eres bueno con los que te buscan. Padre, confieso que hoy mi corazón está destrozado por aquellos que están perdidos y que perecerán sin Ti. Muchas personas hoy en día adoran las riquezas, la fama y otras seguridades terrenales, al creer que son su último refugio de los problemas o el dolor y el camino hacia la libertad. ¡Qué equivocados están! Cuánto desearía que pudieran entender la esperanza que Tú ofreces. Sin embargo, corren tras las posesiones y los placeres que los abrumarán en lugar de darles satisfacción.

Padre, por favor, ayuda a los perdidos a darse cuenta del final que les espera si siguen en ese camino, que serán arrojados a la destrucción. Muéstrales que no pueden ganarse la salvación a su modo por sus buenas obras, su filantropía, su dinero ni su poder. Ayúdalos a comprender que la única esperanza está en Ti y la única riqueza es la salvación a través de Jesucristo. Cuando su carne y sus corazones se debiliten, que te busquen como su fortaleza y su porción para siempre.

No permitas que perezcan, Padre. Muéstrales lo bueno que es confiar en Ti como su refugio. Habla a través de Tu pueblo. Ayúdanos a hablar de Tus maravillosas obras para que todas las personas en el mundo puedan confiar en Ti como Señor y Salvador y andar en Tus caminos.

Gracias por llevar a los perdidos a la salvación, por enviar obreros a la mies y por escuchar mi oración.

En el nombre de Jesús, te lo pido. Amén.

PARA CAPACITARSE
para servir a Dios

No hemos cesado de orar por ustedes, pidiendo que sean llenos del conocimiento de Su voluntad en toda sabiduría y comprensión espiritual, para que anden como es digno del Señor, haciendo en todo, lo que le agrada, dando fruto en toda buena obra y creciendo en el conocimiento de Dios. Rogamos que ustedes sean fortalecidos con todo poder según la potencia de Su gloria, para obtener toda perseverancia y paciencia, con gozo dando gracias al Padre que nos ha capacitado para compartir la herencia de los santos en la Luz.

—COLOSENSES 1:9-12

Padre, cuán agradecido estoy de poder hablarte de todo, inclusive de las necesidades de mis familiares, mis amigos, mis colegas, otros creyentes y mis conocidos. Quizás no siempre pueda ayudarlos, pero estoy agradecido de que a través de la oración puedo sostenerlos, y Tú puedes transformar sus vidas de formas milagrosas.

Hoy oro específicamente para que __[nombre]__ sea capacitado para servirte. No me cabe duda de que Tú creaste a este precioso individuo con grandes propósitos en mente. Por tanto, Jesús, oro para que __[nombre]__ sea lleno del conocimiento de Tu voluntad, de la sabiduría y el entendimiento espiritual. No existe mejor lugar para __[nombre]__ que el centro de Tu voluntad, al confiar en Ti como su Salvador, ser transformado a Tu imagen y obedecer todos Tus mandamientos. Independientemente de qué decisión tenga que tomar __[nombre]__ o qué obstáculo deba enfrentar, cuando camine en Tu voluntad, tomará el mejor camino posible para su vida y tendrá todo lo necesario para triunfar.

Que la manera en que __[nombre]__ viva siempre te honre y te agrade, Señor, y que su vida produzca todo tipo de buen fruto. Capacita a __[nombre]__ para servirte a través de Tu Espíritu Santo. Permite que __[nombre]__ crezca en sabiduría, habilidad y amor por Ti a medida que te conozca cada vez mejor. Oro para que __[nombre]__ se fortalezca con Tu glorioso poder para que tenga la resistencia, la paciencia y la fe que necesita mientras espera que se concreten Tus planes y propósitos.

Como Tu embajador, Jesús, que __[nombre]__ sienta la responsabilidad de representarte bien ante los demás en conversación, en conducta y en carácter, y ser una luz para los que le rodean. Asimismo, Padre, ayuda a que __[nombre]__ siempre recuerde que no depende de él hacer una diferencia en la vida de los demás, más bien, eres Tú quien hace el impacto eterno a través de él. En este sentido, Señor, enséñale a __[nombre]__ a confiar en Ti y a ser un buen testigo Tuyo. Capacita a __[nombre]__ para evitar la tentación y permanecer firme en su fe frente a la adversidad. Llena a __[nombre]__ de alegría y gratitud, con un corazón de alabanza a Ti.

Te doy gracias, Padre, por la vida de __[nombre]__. Gracias por permitir que __[nombre]__ participe en la herencia que pertenece a Tu pueblo. Gracias, Padre, porque Tú sabes cómo guiar y edificar a __[nombre]__ mejor que nadie en toda la creación. Que __[nombre]__ se someta a Ti y Te dé toda la gloria en cada circunstancia.

En el nombre de Jesús, te lo pido. Amén.

PARA LIBERARSE
de las fortalezas espirituales

El siervo del Señor no debe ser rencilloso, sino amable para con todos, apto para enseñar, sufrido. Debe reprender tiernamente a los que se oponen, por si acaso Dios les da el arrepentimiento que conduce al pleno conocimiento de la verdad, y volviendo en sí, escapen del lazo del diablo, habiendo estado cautivos de él para hacer su voluntad.

—2 TIMOTEO 2:24-26

Padre, hoy oro por ___[nombre]___ por la preocupación que siento con respecto a la esclavitud espiritual que está experimentando. Estoy muy agradecido de que Tú sepas todo sobre ___[nombre]___ y cómo hacerlo libre de todo lo que abruma su vida. Gracias por identificar los ídolos y las fortalezas espirituales que han impedido su relación contigo y por ayudarlo a ser libre de todo aquello.

Padre, convence a ___[nombre]___ de su pecado, la destructividad de sus modelos de comportamiento y pensamiento, y cuánto mejor es la vida cuando Tú lo guías. Que ___[nombre]___ sea abierto y esté dispuesto a recibir Tu guía. Que Tú ocupes el primer lugar en su vida. Oro para que ___[nombre]___ te confíe completamente su futuro y te invite a ocupar el lugar que te corresponde en el trono de su corazón.

Señor, muestra a ___[nombre]___ qué pensamientos le hacen tropezar y cuánto de su tiempo y energía invierte en deliberaciones y actividades que no te honran. Reemplaza sus creencias erróneas con Tu maravillosa verdad. Ayuda a ___[nombre]___ a que siempre pueda ponerte en primer lugar y ordene todas las demás prioridades de una manera que sea agradable a Ti. Por favor, enseña a ___[nombre]___ a ser disciplinado en buscarte en lugar de aferrarse a otras cosas del mundo.

Señor Jesús, por favor, envíale a ___[nombre]___ creyentes sabios y amables para ayudarlo y animarlo a superar esas fortalezas e ídolos espirituales. Asimismo, por favor, dame sabiduría cuando interactúe con él, no para entorpecer, sino para mejorar su progreso. Por favor, ayuda a los amigos y a la familia de ___[nombre]___ a ser amables, sabios en cómo enseñamos y pacientes cuando sean ofendidos. Que corrijamos tiernamente a ___[nombre]___ cuando se oponga a Ti. Ayúdale a ___[nombre]___ a llegar al pleno conocimiento de la verdad, a arrepentirse y a hacer Tu voluntad.

Te alabo, Padre, porque sé, sin lugar a duda, que tienes en mente el mejor interés de ___[nombre]___ y que sin importar qué te presente, Tú le darás algo mucho mejor a cambio. Gracias por amar incondicionalmente a ___[nombre]___ y por tener un plan maravilloso para su vida.

En el nombre de Jesús, te lo pido. Amén.

PARA LIBERARSE
de la falta de perdón

Busquen la paz con todos, y la santidad, sin la cual nadie verá al Señor. Cuídense de que nadie deje de alcanzar la gracia de Dios; de que ninguna raíz de amargura, brotando, cause dificultades y por ella muchos sean contaminados.

—HEBREOS 12:14-15

Padre, mi espíritu está agobiado por ___[nombre]___ porque lucha con la falta de perdón y no se da cuenta de que se está lastimando con ello. Señor Dios, estoy preocupado porque sé que la amargura es bastante destructiva. La poca disposición que ___[nombre]___ tiene de perdonar no solo socava su futuro, sino también afecta sus relaciones y lastima a los demás. Deseo ver que ___[nombre]___ progrese en su caminar contigo y que no siga sufriendo innecesariamente. Por tanto, pido Tu santa intervención en esta situación.

Padre, sé que hay buenas razones por las que ___[nombre]___ se siente lastimado. Así que te pido que me ayudes a ser sensible a sus heridas y obra a través de mí como agente de paz y sanidad en su vida. Reconozco que solo Tú eres el que verdaderamente puede guiarlo a desprenderse de la culpa por su dolor y, al final, restaurar lo que se ha roto. Por tanto, Padre, por favor, no dejes que me vuelva autoritario, condescendiente o controlador cuando tenga la oportunidad de aconsejarle. No quiero lastimarlo más sin querer, al actuar según mi entendimiento terrenal. En su lugar, dame Tu sabiduría sobre lo que debo decir y permite que Tu Espíritu Santo hable la verdad en amor a través de mí y los demás para que ___[nombre]___ pueda ser libre y sanado.

Por favor, convence a ___[nombre]___ de su amargura. Recuérdale cada día cuántas veces Tú le has perdonado y que tiene el deber de perdonar también. No permitas que el resentimiento ni la ira arruinen su vida; más bien, enseña a ___[nombre]___ a aceptar toda la responsabilidad de su espíritu no perdonador para que pueda sanarse, crecer en fe y, en última instancia, disfrutar de todas las bendiciones que Tú has planeado para él.

Te agradezco, Señor Jesús, por el amor incondicional y la gracia que tienes hacia ___[nombre]___ y por el asombroso futuro que has planeado para él. Estoy muy agradecido de que, en Tu gran sabiduría, conoces el camino perfecto para guiarlo a la libertad. Gracias por enseñar a ___[nombre]___ a liberarse de la falta de perdón y a vivir una vida digna de Tu nombre. Gracias por limpiar el corazón de ___[nombre]___, por liberarlo de la amargura y por restaurar las relaciones que ha dañado debido a las heridas de su corazón. Gracias por no rendirte con ___[nombre]___. Sé que está seguro en Tus manos.

En el nombre de Jesús, te lo pido. Amén.

PARA CRECER EN
la fe

*Por esta razón también yo, habiendo oído de la fe en el Señor
Jesús que hay entre ustedes, y de su amor por todos los santos,
no ceso de dar gracias por ustedes, mencionándolos en mis oraciones, pido que el Dios de nuestro Señor Jesucristo, el Padre de
gloria, les dé espíritu de sabiduría y de revelación en un mejor
conocimiento de Él. Mi oración es que los ojos de su corazón les
sean iluminados, para que sepan cuál es la esperanza de Su llamamiento, cuáles son las riquezas de la gloria de Su herencia
en los santos, y cuál es la extraordinaria grandeza de Su poder
para con nosotros los que creemos.*

—EFESIOS 1:15-19

Señor Jesús, gracias por la fe que ___[nombre]___ tiene en Ti y
la salvación que has provisto para él. Cuán agradecido estoy de que
lo hayas salvado y que tienes un maravilloso plan para su vida. Señor
Dios, por favor, dale a ___[nombre]___ sabiduría y entendimiento espiritual para que pueda crecer más en su conocimiento de Ti. Inunda
su corazón de luz para que ___[nombre]___ pueda entender la esperanza
segura que le has dado a Tu pueblo. Haz que ___[nombre]___ venga a Ti en
oración y dale entendimiento cuando lea Tu Palabra.

Señor, sé que dentro de Tus propósitos está que ___[nombre]___ tome
su lugar en el cuerpo de Cristo según los dones que le has dado. Por
tanto, Padre, te pido que puedas revelar cómo deseas que ___[nombre]___ te
sirva y aumente su amor por Tu pueblo en todas partes. Provee fieles

creyentes para que ayuden a que ___[nombre]___ crezca en sus dones y recuérdame que ore por él, que edifique y anime a ___[nombre]___ siempre.

Señor, también oro para que ___[nombre]___ entienda la increíble grandeza de Tu poder para nosotros los que creemos en Ti. Este es el mismo gran poder que te levantó, Jesús, de entre los muertos y te hizo sentar en el lugar de honor a la diestra de Dios en los reinos celestiales. Sé que ___[nombre]___ aprenderá esto a través de las pruebas y los desafíos donde se encuentre débil, pero experimentará lo verdaderamente poderoso que eres. De hecho, ___[nombre]___ no tiene motivos para temer.

Porque Tú, Señor Jesús, estás muy por encima de todos los gobernantes, las autoridades, los poderes, los líderes o cualquier otra cosa, no solo en este mundo, sino también en el que está por venir. Dios el Padre ha puesto todas las cosas bajo Tu autoridad, Señor Jesús, y te constituyó cabeza de todas las cosas para el beneficio de la iglesia. Oro para que ___[nombre]___ aprenda esto y lo haga el ancla de su alma. Que ___[nombre]___ nunca se desaliente en su quebrantamiento, sino que siempre se aferre a Ti y te experimente en mayor medida todos los días.

Gracias por hacer que ___[nombre]___ sea parte de Tu cuerpo y Tu familia. Gracias por Tus gloriosos planes para su vida. Gracias también por aumentar el entendimiento y la confianza de ___[nombre]___ en Tu poder y sabiduría. A Ti sea todo el honor, el poder, la gloria y la alabanza en la vida de ___[nombre]___ y en la iglesia.

En el nombre de Jesús, te lo pido. Amén.

PARA CURARSE
de la enfermedad

Sáname, oh Señor, y seré sanado;
Sálvame y seré salvado,
Porque Tú eres mi alabanza.

—JEREMÍAS 17:14

Padre, te alabo por Tu maravillosa paciencia, bondad amorosa y tierna misericordia. Te preocupas por cada uno de Tus hijos de forma individual, personal, profunda y sacrificada. Gracias por tener en cuenta todos los cabellos de la cabeza de ___[nombre]___ y cada célula de su cuerpo. Padre, oro por la sanidad de ___[nombre]___ de la dolencia que le está causando tanto dolor y malestar. Por favor, no permitas que esta condición avance más o llegue a ser peligrosa, Señor, sino limpia su cuerpo completamente. Por favor, dale a ___[nombre]___ consuelo, paciencia y gracia en esta situación.

Padre, sé que restaurar de manera milagrosa la salud de ___[nombre]___ está plenamente dentro de Tu capacidad. Si es Tu voluntad glorificarte a Ti mismo de esa manera, te damos toda la alabanza. También estoy agradecido de que a menudo usas a doctores y enfermeros para curar nuestras dolencias. Eres el que inspira a los investigadores médicos a inventar medicamentos, vacunas y terapias. Así que si eligieras curar a ___[nombre]___ de esa forma, que toda la gloria y el honor sean a Ti en abundancia.

Gracias por cualquiera que sea el tratamiento que envíes y por curar a ___[nombre]___. Por favor, danos toda la paciencia, la resistencia y la sensibilidad para esta enfermedad. Ayúdanos a aprender todo lo que desees enseñarnos a través de ella. Venga lo que venga, Padre, que Te glorifiquemos en ello.

En el nombre de Jesús, te lo pido. Amén.

PARA SABER QUE SON

amados

Por esta causa, pues, doblo mis rodillas ante el Padre [...] que Él les conceda a ustedes, conforme a las riquezas de Su gloria, el ser fortalecidos con poder por Su Espíritu en el hombre interior; de manera que Cristo habite por la fe en sus corazones. También ruego que arraigados y cimentados en amor, ustedes sean capaces de comprender con todos los santos cuál es la anchura, la longitud, la altura y la profundidad, y de conocer el amor de Cristo que sobrepasa el conocimiento.

—EFESIOS 3:14, 16-19

Padre, oro por mi ser querido, ___[nombre]___. Señor, te ruego como su Creador que le recuerdes los grandes planes que tienes para él. Tú creaste todos los cielos y la tierra en Tu sabiduría y poder, y amas a ___[nombre]___ sin límite. Te pido que, desde Tus gloriosos e ilimitados recursos, capacites y animes a ___[nombre]___ con fortaleza interior a través de Tu Espíritu. Jesús, continúa haciendo Tu morada en el corazón de ___[nombre]___ cada vez en mayor medida mientras que confía más en Ti.

Que las raíces de ___[nombre]___ crezcan hacia el interior de Tu amor eterno, perdurable e incondicional, y que esas raíces le hagan fuerte, especialmente cuando Tú le recuerdes meditar en Tu Palabra de día y de noche. Haz que sea como ese árbol plantado junto a corrientes de aguas, que da su fruto en su tiempo y su hoja no cae; y todo lo que hace prosperará. Que ___[nombre]___ siempre tenga la capacidad de entender, como debería todo el pueblo de Dios, cuál es la anchura, cuál es la longitud, cuál es la altura y cuál es la profundidad de Tu amor. Que ___[nombre]___ experimente Tu amor, querido Jesús, aunque sea demasiado inmenso para que cualquiera de nosotros pueda entender completamente. Entonces ___[nombre]___ será hecho completo con toda la plenitud de la vida y el poder que viene de Ti, Señor Dios.

Ahora toda la gloria sea a Ti, nuestro Salvador, Jesús. Tú puedes, a través de Tu gran poder que obra dentro de nosotros, lograr infinitamente más de lo que podríamos pedir o pensar. Que ___[nombre]___ siempre sea consciente de esto y siempre se aferre a Ti. En la iglesia y por todas las generaciones eternamente, ¡que toda la gloria sea a Ti, nuestro Salvador, Redentor, Protector, Proveedor, Señor, Defensor y Amigo!

En el nombre de Jesús, te lo pido. Amén.

PARA TOMAR
decisiones sabias

Porque Dios me es testigo de cuánto los añoro a todos con el entrañable amor de Cristo Jesús. Y esto pido en oración: que el amor de ustedes abunde aún más y más en conocimiento verdadero y en todo discernimiento, a fin de que escojan lo mejor, para que sean puros e irreprensibles para el día de Cristo; llenos del fruto de justicia que es por medio de Jesucristo, para la gloria y alabanza de Dios.

—FILIPENSES 1:8-11

Padre, cuán agradecido estoy por __[nombre]__ mientras busca Tu voluntad. Has creado a Tu hijo con Tu gran sabiduría y propósitos en mente. Oro por __[nombre]__ y esta increíble aventura que Tú has planeado para su vida. Gracias porque es un plan bueno, aceptable y perfecto. Gracias porque es un plan que finalmente lo conformará a Tu imagen y carácter.

Padre, Te pido que a __[nombre]__ lo atraigas más que nunca y que disfrute de caminar contigo y de obedecerte todos los días. Señor Dios, despeja todo lo que impida que __[nombre]__ te conozca íntimamente y camine en Tu sabiduría. Si algo está impidiendo su relación contigo, te pido que se lo muestres de una manera que no deje lugar a dudas y que impulse a __[nombre]__ a arrepentirse. Ayuda a __[nombre]__ a escucharte con claridad y a ver Tu asombroso rostro.

Señor Dios, desconozco las cargas y los desafíos que __[nombre]__ está enfrentando. Lo que sí sé es el gran amor que tienes para él y que

Tu plan es la vida en todo su esplendor. Así que, por favor, ayuda a que [nombre] tome una sabia decisión que vaya conforme a Tu plan. Cuando [nombre] enfrente obstáculos y desafíos abrumadores, sostenlo con Tu gran fortaleza, provisión y poder. Cuando sufra largas demoras, dale paciencia y llénalo con la seguridad de Tus promesas. Cuando Tu hijo tenga reveses desastrosos, pérdidas desgarradoras o fracasos devastadores, recuérdale que Tú estás cerca de los quebrantados de corazón y salvas a los de espíritu abatido. Dale a [nombre] confianza en Tu presencia y ayúdalo a glorificarte en cada dificultad. Continuamente recuérdale a [nombre] de Tu gran amor por él, mientras llenas su corazón del amor por Ti.

Ayuda a [nombre] a conocer y a hacer Tu voluntad, Oh, Dios. Sin importar cuán difíciles o costosos son Tus mandatos, dale la sabiduría, la valentía, la fuerza, el amor y el deseo de seguirte en obediencia. Capacita a [nombre] para servirte a Ti y a los demás con amor, gozo, paz, paciencia, benignidad, bondad, fidelidad, mansedumbre y dominio propio. Sé que los planes que tienes para [nombre] son impresionantes. Sé que nada es más digno de seguirte que Tu rostro y Tus propósitos.

Gracias por escuchar mi oración para [nombre]. A Ti sea todo el honor, la gloria, el poder y la alabanza para siempre, Señor Jesús.

En el nombre de Jesús, te lo pido. Amén.

PARA QUE SE ARREPIENTAN
de sus pecados

Arrepiéntanse y conviértanse, para que sus pecados sean borra-
dos, a fin de que tiempos de alivio vengan de la presencia del
Señor.

—HECHOS 3:19

Padre, estoy muy agradecido de que cuando no sé cómo abordar una situación, siempre puedo tener la confianza de que Tú sí. Padre, oro por la sanidad de ___[nombre]___ y los problemas con los que está lidiando ahora. Estoy muy preocupado por la trayectoria que ha tomado su vida y las conductas impías a las que está vinculado. Pido Tu mano intercesora en esta situación.

Señor, sé que amas a ___[nombre]___. Gracias por la salvación que le ofreces y la vigilancia que tienes de su vida. Te pido que convenzas a ___[nombre]___ de su esclavitud del pecado, en la que ha caído, y ayúdalo a ser libre. Muéstrale a ___[nombre]___ que hay una mejor manera de que sus necesidades más profundas sean satisfechas, y eso es a través de una relación íntima contigo.

Confieso, Padre, que me he frustrado con ___[nombre]___ y quizás esté enojado, temeroso e incluso resentido por su conducta. Sin embargo, sé que lo que ___[nombre]___ necesita de mí es Tu fortaleza, sabiduría y amor incondicional. Este pecado se debe a las heridas y el dolor que ___[nombre]___ no quiere enfrentar, para que no tenga necesidad de más condenación de lo que ya siente por dentro. Por lo tanto, sana a ___[nombre]___ y ayúdame a acercarme siempre a él con amabilidad, humildad, sensibilidad a su dolor, y con el deseo de restaurarlo a la comunión. Puedo cuidar a ___[nombre]___ sin aprobar los comportamientos que lo están destruyendo. Por tanto, ayúdame a dirigirme a ___[nombre]___ en amor y verdad, y hacer y decir todo lo que Tú necesitas de mí para que se arrepienta. Enséñame a animar a ___[nombre]___ a obedecerte, y hazme un instrumento de Tu paz ante él.

Gracias, Padre, por obrar en ___[nombre]___. Guíalo a reconocer su fracaso, ayúdalo a reconocer la responsabilidad de su pecado y convéncelo para que pueda caminar en Tu voluntad otra vez. Gracias por Tu obra en la vida de ___[nombre]___ y porque contigo siempre hay esperanza para la restauración.

En el nombre de Jesús, te lo pido. Amén.

PARA ALEJARSE DE
las influencias
imprudentes

¡Cuán bienaventurado es el hombre que no anda en el consejo
de los impíos,
Ni se detiene en el camino de los pecadores,
Ni se sienta en la silla de los escarnecedores,
Sino que en la ley del Señor está su deleite,
Y en Su ley medita de día y de noche!
Será como árbol plantado junto a corrientes de agua,
Que da su fruto a su tiempo
Y su hoja no se marchita;
En todo lo que hace, prospera.

—SALMOS 1:1-3

Padre, hoy oro preocupado por ___[nombre]___ debido a la compañía que mantiene y las actividades en las que ha estado participando. Gracias, Señor Jesús, por salvar a ___[nombre]___, por los planes que tienes para su vida y por el Espíritu Santo que mora en él. Estoy muy agradecido de que Tu mano esté en su vida. Tú ves a los amigos y asociados con quienes ___[nombre]___ ha estado pasando el tiempo y ves la influencia que ellos tienen en él. Por lo tanto, busco Tu sabiduría y Tu ayuda en esta situación.

Padre, oro por el testimonio de ___[nombre]___. Sé que las relaciones van en dos direcciones y Tú puedes manifestarte a [nuevos amigos del nombre] a través de él. Que los amigos que ___[nombre]___ ha hecho te conozcan como Señor y Salvador y que crezcan en la fe por el testimonio de ___[nombre]___.

Dicho eso, Padre, te pido que protejas a ___[nombre]___ e incluso que lo separes de esas relaciones si lo están alejando de Ti. Convence a ___[nombre]___ de cómo se está apartando de Ti y cómo se está volviendo a las conductas impías para satisfacer sus necesidades. Cualesquiera que sean los deseos que esas amistades estén satisfaciendo, Padre, ya sea por aceptación, valor, estatus, poder o lo que sea, muéstrale a ___[nombre]___ que lo que el mundo ofrece es un espejismo y que solo Tú puedes satisfacer verdaderamente los anhelos de su corazón.

Padre, la vida de ___[nombre]___ está en Tus manos. Dame sabiduría sobre lo que debo decir y cómo debo seguir orando por ___[nombre]___. No obstante, también te pido que hables directamente a ___[nombre]___ y le muestres dónde lo llevará ese tipo de relaciones y cómo socavará su futuro. Que ___[nombre]___ sea como ese árbol plantado junto a corrientes de aguas vivas, que encuentre su dirección, su seguridad y su valor en Ti. Gracias por amar a ___[nombre]___ y por aconsejarlo mediante Tu Palabra y la presencia de Tu Espíritu Santo.

En el nombre de Jesús, te lo pido. Amén.

PARA QUIENES SIRVEN
en la iglesia

Obedezcan a sus pastores y sujétense a ellos, porque ellos velan por sus almas, como quienes han de dar cuenta. Permítanles que lo hagan con alegría y no quejándose, porque eso no sería provechoso para ustedes.

Oren por nosotros, pues confiamos en que tenemos una buena conciencia, deseando conducirnos honradamente en todo.

—HEBREOS 13:17-18

Padre, gracias por los hombres y las mujeres que te sirven en el ministerio y nos enseñan Tu Palabra. Señor, sé que el trabajo que ellos hacen es difícil por muchas razones. No solamente tienen que soportar las guerras espirituales, sino también las cargas de atender las necesidades de la congregación, la elaboración de mensajes para discipular a los creyentes en crecimiento y abordar los conflictos a los que se suma la cuestión preocupante de alcanzar a aquellos que no Te conocen como Salvador. Por lo tanto, Padre, te pido que protejas, proveas y bendigas a aquellos que nos ministran, y a sus familias, de manera especial.

Primero, te ruego que abras las puertas de oportunidad para que nuestros pastores y líderes ministeriales lleguen a las personas con el evangelio. Dales audacia para proclamar Tu Palabra y servirte con valentía. Capacítalos para que de todo corazón sigan la visión que Tú tienes para sus vidas y para la iglesia y que resistan toda presión para desviarse de Tu voluntad, sin importar de dónde venga. Que rechacen todos los consejos que contradicen Tu Palabra y que siempre confíen en Ti para que los guíes en la dirección correcta. Te pido que puedan expresar clara, apasionada y afectuosamente la visión que les des. Que se esfuercen por ser ejemplos piadosos delante de sus familias, la congregación y la comunidad, y que proactivamente los demás también lleguen a ser líderes destacados.

Jesús, también te pido que nuestros pastores y líderes ministeriales puedan encontrar su identidad y valor en Ti en lugar de la aprobación de los demás. Tú nos has creado y nos has dotado a cada uno de maneras tan diferentes para Tus propósitos. En esta época de competencia, donde la tentación es comparar el crecimiento de su iglesia con el de otras iglesias o su popularidad con la de otras, te pido que se mantengan centrados en servirte a Ti de la manera para la cual los creaste. Convéncelos continuamente de su incapacidad para el trabajo y su necesidad de pedir Tu sabiduría, dirección, fortaleza y valentía. Dales el gozo que viene de vivir en el poder de Tu Santo Espíritu. Anímalos, Padre, mediante las Escrituras, el tiempo en Tu presencia y la comunión con otros creyentes. No permitas que se desesperen o caigan en la presión, la trampa, los ataques o las tentaciones del enemigo. Más bien, ayúdalos a resistir y ser victoriosos en Ti.

Ayuda a nuestros pastores y líderes ministeriales a mantener sus corazones y mentes despejadas mediante una relación vibrante, creciente y personal contigo, Señor Jesús. Que se vuelvan aún más apasionados por la predicación y Tu Palabra, con entusiasmo contagioso que se propague en la congregación y la comunidad mientras proclaman fielmente el evangelio con obediencia, relevancia, audacia, valentía y convicción. Que confíen en que Tú asumirás la plena responsabilidad de sus necesidades, y las de su familia, si te obedecen.

Te pido que haya armonía y un espíritu agradable en la iglesia, y especialmente entre las personas que trabajan en la iglesia, mientras todos buscamos hacer Tu voluntad como el cuerpo de Cristo.

Enséñanos, Jesús, a poder ser, como miembros de la iglesia, una bendición para nuestros pastores y líderes ministeriales y para sus familias. Dales gracia, paz, ánimo, satisfacción, provisión, protección, inspiración y gozo en abundancia para la gloria de Tu nombre.

En el nombre de Jesús, te lo pido. Amén.

PARA QUIENES SIRVEN
en el campo misionero

Pero recibirán poder cuando el Espíritu Santo venga sobre ustedes; y serán Mis testigos en Jerusalén, en toda Judea y Samaria, y hasta los confines de la tierra.

—HECHOS 1:8

Padre, gracias por los hombres y las mujeres que se han sacrificado tanto para servirte como misioneros. Pienso en lo difícil que debe ser para ellos estar tan lejos de su hogar, de las comodidades y los sistemas de apoyo; tener que aprender nuevos idiomas, costumbres y culturas; enfrentar la presión de las comunidades donde son vistos como extraños e intrusos; y resistir la guerra espiritual, todo mientras cumplen su llamado de alcanzar a los perdidos y discipular a los creyentes. Gracias, Padre, por su fidelidad para servirte a pesar de los desafíos y por su papel en la difusión del evangelio a los lugares más remotos del mundo. Te pido que los protejas, les proveas y los bendigas en abundancia a ellos y a sus familias.

Abre los corazones de las personas a quienes ministren y capacita de manera sobrenatural a Tus siervos para comunicarse con aquellos que están a su alrededor de maneras significativas. Independientemente de la presión o la persecución que sufran, dales audacia y valor para proclamar Tu Palabra y deja que Tu fruto del Espíritu fluya a través de ellos mientras interactúan con los demás. Por favor, bríndales nuevos creyentes a quienes puedan discipular y levantar como líderes firmes y piadosos para la iglesia.

Bendice a los misioneros con amistades fieles y fuertes, guerreros de oración y socios ministeriales que les brindarán un apoyo inquebrantable sin importar lo que enfrenten. En sus momentos de soledad, tristeza, pruebas o desilusiones, recuérdales que pueden encontrar su identidad, esperanza y valor en Ti. Ayúdales a recordar que Tú eres quien define el éxito y quien obra a través de ellos para Tu voluntad y complacencia. Que se apasionen aún más por la oración y Tu Palabra, con un entusiasmo contagioso y una conducta piadosa que inspire a quienes ellos lleguen a conocer.

Anímalos, Padre, por medio de las Escrituras, a pasar tiempo en Tu presencia y en comunión con los demás creyentes. Protégelos de la presión, las trampas, los ataques y las tentaciones del enemigo. En su lugar, ayúdalos a resistir y ser victoriosos en Ti, con los corazones limpios y las mentes despejadas que vienen de una relación personal, firme y creciente contigo. Que confíen en que Tú asumirás la plena responsabilidad de sus necesidades, y las de su familia, si te obedecen.

Gracias, Padre, por estar con los misioneros. Que continúen proclamando fielmente el evangelio con obediencia, relevancia, audacia, valentía y convicción sin importar lo que enfrenten. Que siempre experimenten Tu provisión, protección, gracia, paz, ánimo, plenitud y gozo en abundancia. Que te vean traer una cosecha abundante de toda la obediencia que han sembrado, para la gloria de Tu nombre.

En el nombre de Jesús, te lo pido. Amén.

PARA QUIENES SIRVEN
en lugares antagónicos al evangelio

Bienaventurados aquellos que han sido perseguidos por causa de la justicia, pues de ellos es el reino de los cielos.

Bienaventurados serán cuando los insulten y persigan, y digan todo género de mal contra ustedes falsamente, por causa de Mí. Regocíjense y alégrense, porque la recompensa de ustedes en los cielos es grande, porque así persiguieron a los profetas que fueron antes que ustedes.

—MATEO 5:10-12

Padre, me acerco a Tu trono de gracia por mis hermanos y hermanas en Cristo que están en todo el mundo y están siendo perseguidos por causa de su fe. Están siendo separados de sus familias, rechazados, negados de necesidades básicas, golpeados, encarcelados e incluso asesinados porque invocan el nombre de Jesús. Cuando pienso en ellos, Señor Dios, considero humildemente su valentía y compromiso contigo. Sé que Tú los guías con Tu mirada sobre ellos, has contado cada cabello de sus cabezas y secas todas sus lágrimas. Estoy muy agradecido de que Tú honras sus testimonios de una manera especial. Gracias por sus testimonios en lugares tan oscuros y difíciles. Gracias por cómo multiplicas su incidencia, les provees y los consuelas. Te pido que los protejas, satisfagas sus necesidades y los bendigas en abundancia.

Te agradezco, Padre, porque a través de Tu remanente de creyentes fieles, Tus buenas nuevas de salvación siguen vivas en estas áreas reacias al cristianismo. Haz que estos cristianos perseguidos sean testigos inteligentes y poderosos por el amor de Tu nombre. Dales sabiduría para saber cuándo hablar con audacia y cuándo estar en silencio, y las palabras adecuadas que dejarán huella en los corazones de aquellos que los escuchen. Oro por sus opresores, que Tu Espíritu Santo los convenza de la verdad, de los males que han hecho, las desolaciones de las religiones falsas y de su necesidad de salvación a través de Jesús. Haz que Tu esperanza, perdón, perseverancia y fruto del Espíritu fluya a través de los cristianos perseguidos para que puedan mantener su testimonio frente a aquellos que los atormentan. Pido esto especialmente por los creyentes que son rechazados por familiares y amigos. Padre, que otros creyentes se levanten, rodéalos como una nueva familia cristiana y apóyalos.

Te alabo porque los creyentes perseguidos siempre pueden buscarte como su esperanza y paz, sin importar lo que pase. Tú eres su fortaleza y su suficiencia, Señor Dios. Sostenlos. Dales a conocer Tu amorosa presencia de una manera poderosa. Dales ojos espirituales para comprender la guerra que viene contra ellos por parte de las fuerzas de las tinieblas. Ayúdales a resistir y ser victoriosos en Ti, con los corazones limpios y las mentes despejadas que vienen de una relación personal, firme y creciente contigo. Si no tienen una Biblia, por favor, bríndales una, Padre. Dales Tu entendimiento y enséñales Tu verdad, y que experimenten la bendición de adorarte, madurar en Ti y tener comunión con otros creyentes. Que confíen en que Tú asumirás toda la responsabilidad de sus necesidades si te obedecen. Que vean que Tu mano poderosa interviene de manera sobrenatural en sus situaciones.

Finalmente, oro para que animes a las iglesias de todo el mundo a tomar una posición a favor de nuestros hermanos y hermanas perseguidos en la fe. No permitas que nos volvamos complacientes ni que creamos que tenemos privilegios, Padre, sino pon carga en nuestros corazones por otros cristianos que están sufriendo en todo el mundo.

También, Padre, oro para que dispongas a los líderes mundiales para que detengan el maltrato y la opresión inhumanos de los cristianos. Dales un corazón como el de mis hermanos y hermanas perseguidos, que proclamen la verdad con audacia a pesar de la presión, y muéstrame de qué manera podría yo ser una bendición para ellos.

Gracias por su ejemplo y testimonio. Gracias, Padre, por cuidarlos y por mostrar lo poderoso que eres en su favor. Gracias, Señor, porque ellos verán una cosecha abundante de toda la obediencia que han sembrado, para la gloria de Tu nombre.

En el nombre de Jesús, te lo pido. Amén.

PARA QUIENES SIRVEN
como líderes

Exhorto, pues, ante todo que se hagan plegarias, oraciones, peticiones y acciones de gracias por todos los hombres, por los reyes y por todos los que están en autoridad, para que podamos vivir una vida tranquila y sosegada con toda piedad y dignidad. Porque esto es bueno y agradable delante de Dios nuestro Salvador, el cual quiere que todos los hombres sean salvos y vengan al pleno conocimiento de la verdad.

—1 TIMOTEO 2:1-4

Padre, gracias por amar y proteger a Tu pueblo. Señor, yo sé que Tú levantas y destituyes líderes para Tus propósitos y que sus corazones están en Tus manos y que Tú puedes obrar a través de cualquiera. También me ordenas que ore por estos líderes, que se vuelvan a Ti y te sirvan. Por lo tanto, Padre, oro por aquellos que sirven como nuestros líderes, que te busquen y se sometan a Ti. Sé que no todos nuestros líderes te reconocen y que hay quienes nos alejarían de lo mejor de Ti. Sin embargo, estoy agradecido de que los conoces por su nombre y los amas. Padre, sostenlos y guíalos a hacer Tu voluntad.

Señor, te ruego que hagas que las personas con autoridad se den cuenta de su pecaminosidad y la necesidad diaria de Tu perdón y guía. Si no conocen a Jesús como su Salvador, te pido que los atraigas hacia Ti, que los convenzas de sus pecados y los lleves a la salvación. Por favor, ayúdales a admitir sus incompetencias personales para las tareas que tienen por delante y que acudan a Ti para recibir sabiduría, discernimiento y valentía para cumplir con sus responsabilidades. Oro para que rechacen todo consejo que contradiga los principios espirituales establecidos en las Escrituras y que confíen en Ti para guiarlos en la mejor dirección. Que puedan resistir la presión de aquellos que los desviarían o tentarían a quebrantar Tu voluntad y los estándares claros del bien y el mal.

Padre, oro para que los que tienen autoridad trabajen activamente para revertir las tendencias que te destronan y deifican al hombre. Que estén dispuestos a abandonar sus ambiciones personales si ello redunda en el interés superior de las personas a las que ellos dirigen. Que confíen en la oración, la verdad de Tu Palabra y la dirección de Tu Espíritu Santo para su fortaleza diaria y su camino hacia el éxito. Padre, que nuestros líderes restauren la dignidad, el honor, la honradez y la justicia a sus cargos. Que se esfuercen por ser buenos ejemplos para las personas, especialmente los niños, en nuestra nación, y que recuerden a diario que son responsables ante Ti, Dios todopoderoso, por sus actitudes, palabras, motivaciones y acciones.

Gracias por ser nuestro Juez y Rey justo. Te alabamos por escuchar nuestras oraciones y porque «como canales de agua es el corazón del rey en la mano del SEÑOR» (Proverbios 21:1). Dirígenos a todos por el camino que debemos seguir.

En el nombre de Jesús, te lo pido. Amén.

PARA QUIENES SIRVEN
en el ejército

Porque en Mí ha puesto su amor, Yo entonces lo libraré;
Lo exaltaré, porque ha conocido Mi nombre.
Me invocará, y le responderé;
Yo estaré con él en la angustia;
Lo rescataré y lo honraré.

—SALMOS 91:14-15

Padre, hoy oro por ___[nombre]___, quien te sirve en el ejército. Te pido que viva en Tu refugio, altísimo Dios. Ayúdalo a encontrar descanso en Ti, Dios todopoderoso. Declaro esto sobre Ti, Señor: Tú eres el único verdadero refugio y nuestro lugar seguro. Tú eres mi Dios y tengo fe en Ti. Oro para que ___[nombre]___ también confíe plenamente en Ti y que sea Tu representante ante sus compañeros soldados. Sé siempre su paz y su lugar seguro. Rescátalo de todas las trampas y protégelo de enfermedades y peligros mortales. Guarda a ___[nombre]___ con Tu brazo poderoso.

Padre, Tus promesas fieles son la armadura y la protección de ___[nombre]___. Que no tenga miedo de los terrores de la noche ni de los armamentos que vuelan durante el día. Protege a sus compañeros soldados y dales la seguridad de que el mal no los vencerá. Dales sabiduría a los comandantes y a todos los que toman decisiones. Abre los ojos de ___[nombre]___ para que vea a los que desean hacer el mal, ayúdalo a ver la intención de sus planes y guíalo a vencer. Ayúdalo a mantenerse firme, a entregarte todas sus ansiedades y a consolarse en Tu nombre. Que la vida de ___[nombre]___ sea un testimonio fiel de Tu gracia, Señor Jesús, para quienquiera que él conozca, ya sea un amigo o no.

Gracias, Padre, por mandar a Tus ángeles para que protejan a ___[nombre]___ dondequiera que vaya. Gracias, Padre, por pisotear al enemigo bajo Tus pies. Señor, Tú dices:

> «Rescataré a los que me aman;
>> protegeré a los que confían en mi nombre.
> Cuando me llamen, yo les responderé;
>> estaré con ellos en medio de las dificultades.
>> Los rescataré y los honraré.
> Los recompensaré con una larga vida
>> y les daré mi salvación» (Salmos 91:14-16, NTV).

Gracias por esa promesa para ___[nombre]___ y para todos los que te sirven.

En el nombre de Jesús, te lo pido. Amén.

CUANDO UN BEBÉ

nace

Porque Tú formaste mis entrañas;
Me hiciste en el seno de mi madre.
Te daré gracias, porque asombrosa y maravillosamente he sido
   hecho;
Maravillosas son Tus obras,
Y mi alma lo sabe muy bien.
                    —SALMOS 139:13-14

Padre, gracias por la nueva vida de este precioso niño, ___[nombre]___. Gracias por darle vida y por los buenos propósitos para los que lo creaste. ___[nombre]___ fue hecho asombrosa y maravillosamente porque Tus obras, Padre, son maravillosas y Tú no cometes errores. Gracias porque ha nacido de [nombres de los padres] durante este momento de la historia, en esta ubicación geográfica, con su personalidad particular, sus dones y sus talentos para cumplir Tus planes divinos.

Señor, te pido que a medida que ___[nombre]___ crezca, sea diariamente influido a caminar en Tu voluntad y a amarte con todo su corazón, su mente, su alma y sus fuerzas. Gracias de antemano por el día en que ___[nombre]___ te acepte como Salvador y Señor y te dedique su vida de todo corazón.

Padre, ayuda a ___[nombre]___ a calcular sus años incluso desde el principio y enséñale la sabiduría en lo profundo de su corazón. Oro por amigos piadosos e incluso por un compañero piadoso que camine con ___[nombre]___ durante su vida. Guíalo a tomar buenas decisiones.

Gracias por todo lo que has planeado de antemano para que ___[nombre]___ haga. Independientemente de cómo elijas obrar a través de ___[nombre]___, que prepare su corazón para glorificarte con su conducta, su carácter y su forma de hablar. Que muchas personas te conozcan como Salvador debido al testimonio de Tu gracia de ___[nombre]___.

En el nombre de Jesús, te lo pido. Amén.

CUANDO UN CREYENTE
es bautizado

¿O no saben ustedes que todos los que hemos sido bautizados en Cristo Jesús, hemos sido bautizados en Su muerte? Por tanto, hemos sido sepultados con Él por medio del bautismo para muerte, a fin de que como Cristo resucitó de entre los muertos por la gloria del Padre, así también nosotros andemos en novedad de vida.

—ROMANOS 6:3-4

Padre, cuán agradecido estoy por __[nombre]__, que ha dado el paso importante del bautismo en obediencia a Ti. Aunque el bautismo no nos salva, muestra nuestro deseo de proclamarte públicamente como nuestro Salvador y Señor. Gracias por salvar a __[nombre]__ y por su testimonio hoy.

Señor, cuando __[nombre]__ se sumerja en las aguas bautismales, ayúdale a entender plenamente que su vieja naturaleza está muerta y ha sido enterrado, así como Cristo. El bautismo de __[nombre]__ ilustra que cuando aceptó a Jesús como Salvador, su pecado le fue borrado «como está de lejos el oriente del occidente» (Salmos 103:12), para nunca más volver. Ayuda a __[nombre]__ a entender esta maravillosa verdad en su corazón.

El bautismo de __[nombre]__ también simboliza la vida de la poderosa resurrección que cada creyente tiene en Cristo como hijo nacido de nuevo, vivo espiritualmente y capacitado por el Espíritu Santo del Dios vivo. Así que, cuando __[nombre]__ sea levantado de las aguas bautismales, revela la maravillosa vida nueva que se le ha dado y ayúdalo a aferrarse a ella.

Que este paso de obediencia sea el primero de muchos más para ___[nombre]___, a medida que encuentre su lugar en el cuerpo de Cristo. Te agradezco por todo lo que has planeado cumplir a través de ___[nombre]___. Que la vida de ___[nombre]___ siga siendo un testimonio de Tu gloria y gracia ahora y siempre.

En el nombre de Jesús, te lo pido. Amén.

CUANDO UN ESTUDIANTE

se gradúa

No recuerden las cosas anteriores
Ni consideren las cosas del pasado.
Yo hago algo nuevo,
Ahora acontece;
¿No lo perciben?
Aun en los desiertos haré camino
Y ríos en los lugares desolados.

—ISAÍAS 43:18-19

Padre, te agradezco por ___[nombre]___ y por este logro e hito en su vida. La graduación significa un nuevo comienzo, un nuevo paso hacia un futuro brillante. Gracias, Padre, por el maravilloso plan que tienes para la vida de ___[nombre]___. Gracias por llevarlo tan lejos y porque estarás con él en todas sus mañanas.

Padre, en las próximas semanas y meses, ___[nombre]___ tomará decisiones que afectarán el curso de su futuro. Dale a ___[nombre]___ sabiduría y guíalo en Tu verdad. Gracias, Padre, porque sabemos que puedes ayudar a ___[nombre]___ a vivir una vida verdaderamente extraordinaria y que lo guiarás por el mejor camino posible si te obedece.

Padre, te ruego que no dejes que ___[nombre]___ caiga en la trampa de poner su esperanza en cosas temporales: dinero, estatus social, logros o incluso la aceptación de los demás. Las comodidades mundanas no son defensa contra las tumultuosas tormentas que la vida ofrece muchas veces. Ayuda a ___[nombre]___ a basar su identidad y su valor en

Ti para que pueda seguir siendo fuerte sin importar la tempestad que surja.

Dale a ___[nombre]___ un hambre de Tu Palabra y enséñale Tus principios para caminar en Tu éxito, esperanza, paz y victoria. Que ___[nombre]___ te conozca y te ame cada día más. Que se minimice a medida que lo santifiques y brilles a través de su vida. Muéstrale a ___[nombre]___ cuán amado es y cuán grande es Tu llamamiento, Señor. Que ___[nombre]___ desee ansiosamente vivir para Ti y a través de Tu poder.

Gracias, Padre, por obrar a través de ___[nombre]___ y por hacerlo Tu testigo en el mundo y por convertirlo en una obra de arte. Que ___[nombre]___ camine en la extraordinaria vida que Tú has planeado para él.

En el nombre de Jesús, te lo pido. Amén.

CUANDO UNA PAREJA SE
une en matrimonio

EL HOMBRE DEJARÁ A SU PADRE Y A SU MADRE Y SE UNIRÁ A SU MUJER, Y LOS DOS SERÁN UNA SOLA CARNE. *Así que ya no son dos, sino una sola carne. Por tanto, lo que Dios ha unido, ningún hombre lo separe.*

—MATEO 19:5-6

Padre, cuán agradecido estoy por __[nombre]__ y __[nombre]__ al unirse en matrimonio en Tu nombre. Te agradezco por su compromiso contigo y entre ellos. Te alabo por cómo has creado a cada uno de ellos con dones, personalidades y habilidades complementarias y los has unido para servirte como una sola carne.

Señor, al comenzar su viaje de la mano, pido que Tu gracia y su amor mutuo aumenten tanto en las cimas de las montañas como en los valles, tanto en las bendiciones como en las dificultades de la vida. Que crezcan juntos aún más en las buenas y en las malas, mientras ambos fijan sus ojos en Ti.

Oro para que __[esposo]__ atesore, honre y apoye a __[esposa]__ como Cristo amó a la iglesia, incluso se entregó a Sí mismo en sacrificio por ella. También oro para que __[esposa]__ aprecie, respete y cuide a __[esposo]__, igualmente con sacrificio, como la iglesia a Cristo. Esta es la manera en la que madura el amor incondicional, la santidad, el respeto y las relaciones. Esta es también la manera en que __[nombre]__ y __[nombre]__ encontrarán el éxito definitivo en su matrimonio, para Tu gloria.

Que ninguno busque sus propios intereses, sino que cada uno ponga al otro primero. Que sean pacientes y amables el uno hacia el otro y no sean celosos, vengativos, resentidos ni sabios en su propia opinión. En su lugar, que siempre sean amables, humildes, con dominio propio, sabios y perdonadores cuando interactúen. Que se den mutuamente la gracia y el apoyo para que lleguen a ser todo aquello para lo cual los creaste a cada uno y que te sirvan de la manera en que los formaste para servirte. Que estén mejor por estar juntos de lo que habrían estado al vivir separados. Padre, cuando surjan tentaciones y dolores, te ruego que actúes en su favor y que protejas este pacto matrimonial. No permitas que ninguna persona, adversidad ni oportunidad separe lo que Tú has unido.

Gracias, Padre, por el futuro que has planeado para __[nombre]__ y __[nombre]__. A Ti sea todo el honor, la gloria, el poder y la alabanza en su unión y para siempre.

En el nombre de Jesús, te lo pido. Amén.

CUANDO OCURRE UNA
tragedia nacional

El Señor es mi luz y mi salvación;
¿A quién temeré?
El Señor es la fortaleza de mi vida;
¿De quién tendré temor?
Porque en el día de la angustia me esconderá en Su
    tabernáculo;
En lo secreto de Su tienda me ocultará;
Sobre una roca me pondrá en alto.

—SALMOS 27:1, 5

Padre, cuán agradecido estoy de que podemos acercarnos a Ti en estos tiempos de devastación. Dijiste que nos escucharías si te clamábamos, así que te suplico en nombre de todas las personas que están sufriendo y aquellas que se sienten perdidas, conmocionadas, enojadas e indefensas. Padre, cuando considero la enorme pérdida, lo repentino de la destrucción y la separación de hijos y padres, estoy impresionado por la sensación de desesperanza y confusión que las personas seguramente sienten. Señor Dios, en estos momentos, todos te necesitamos más y necesitamos sentir Tu presencia.

A aquellos que no te conocen, Señor, te pido que les lleves la verdad del evangelio mediante los creyentes que están alrededor de ellos y aquellos a quienes enviarás de socorro. Lleva cristianos donde ellos se encuentren, para que los amen, los animen y los ayuden emocional, física y espiritualmente y para que sepan que el mensaje de salvación a través de Jesucristo es verdad. Envía la ayuda que necesiten todos los afectados, para apoyarlos de la manera que requieran.

Gracias, Señor, por todos los socorristas y los valientes que entraron en acción para ayudar a los que estaban heridos. Te pedimos una bendición especial en sus vidas. Que la iglesia también se una con solidaridad para alumbrar la luz de Tu amor y la provisión en esta situación. Ayúdanos a ser cariñosos, sensibles y sacrificados, y así glorificarte.

Padre, sé que el mal siempre está presente y que siempre hay personas que intentarán aprovechar esa crisis para promover sus propios intereses. Impídeles, Padre. No permitas que se aprovechen del inocente ni que salgan victoriosos en esto. En su lugar, Señor, manifiéstate de una manera poderosa. Tú eres el único más poderoso que cualquier tragedia, desastre o fuerzas malignas de este mundo. Eres el único que nos ofrece vida eterna y, por tanto, una esperanza eterna. Así que consuela a los afligidos, llévalos a la salvación, haz justicia y muestra Tu misericordia.

Gracias, Padre, por ser el refugio a donde podemos correr en estos momentos. Es difícil comprender las imágenes que estamos viendo de esta tragedia, mucho menos ofrecer consuelo, restauración y sanidad a los afectados. Sin embargo, Tú nos ofreces consuelo y paz en medio de la tragedia. Gracias por mostrarnos que hay más en esta vida que la angustia, la pérdida y el desastre. Gracias por ser nuestro protector y proveedor, y por darnos un hogar que nos espera en el cielo, donde ya no hay lágrimas ni dolor ni maldad ni muerte y donde nos reuniremos con nuestros seres queridos. Ayúdanos a edificar nuestra vida sobre la base inquebrantable de Tu amor y ser Tus manos y pies para los que sufren.

En el nombre de Jesús, te lo pido. Amén.

ORACIONES PARA CUANDO NOS SENTIMOS LLAMADOS

A EMPEZAR EL DÍA
con Jesús

Oh Señor, de mañana oirás mi voz;
De mañana presentaré mi oración a Ti,
Y con ansias esperaré.
Pero alégrense todos los que en Ti se refugian;
Para siempre canten con júbilo,
Porque Tú los proteges;
Regocíjense en Ti los que aman Tu nombre.
Porque Tú, oh Señor, bendices al justo,
Como con un escudo lo rodeas de Tu favor.
—SALMOS 5:3, 11-12

Padre, gracias por esta nueva mañana y el privilegio de iniciar este día contigo. Gracias por Tu amor, gracia, provisión y poder para aquellos que amo y para mí. Te dedico este día para Tu servicio y Tu gloria. Guíame al centro de Tu voluntad. Mientras el día de hoy inicia, dame sabiduría para lidiar con cada situación como Tú lo harías. Que mi conversación sea sazonada con gracia y que mi conducta sea digna del nombre de Jesús.

Estoy agradecido de saber que, sin importar lo que pase o dónde me lleve este día, Tú estarás ahí conmigo. Soy Tu siervo; dame entendimiento para que pueda conocerte más. Afirma mis pasos y no permitas que ninguna iniquidad me domine. Ayúdame a vivir con mi mente puesta en las cosas de arriba y obra a través de mí para que Tu luz brille a través de mi vida y que la gente sea atraída hacia Ti.

Que los pensamientos de mi mente, las palabras de mi boca, las meditaciones de mi corazón, las obras de mis manos, los caminos de mis pies y los frutos de mi vida no solo sean de Tu agrado, sino también en adhesión plena y gozosa a Tu voluntad, Padre. Tú, Señor, siempre eres la fuerza de mi corazón y mi porción.

En el nombre de Jesús, te lo pido. Amén.

A TERMINAR EL DÍA
con Jesús

Mediten en su corazón sobre su lecho, y callen.　　　*(Selah)*
Ofrezcan sacrificios de justicia,
Y confíen en el SEÑOR.

¡Alza, oh SEÑOR, sobre nosotros la luz de Tu rostro!
Alegría pusiste en mi corazón,
Mayor que la de ellos cuando abundan su grano y su vino
　　　nuevo.
En paz me acostaré y así también dormiré,
Porque solo Tú, SEÑOR, me haces vivir seguro.
　　　　　　　　　　　　　　　—SALMOS 4:4-8

Padre, como el día de hoy llega a su fin, te agradezco por todas las formas en que nos has provisto y nos has protegido a mis seres queridos y a mí. Gracias por haberme dado sabiduría y gracia para todo lo que enfrenté. Recuérdame todo lo que me has enseñado, hazme retroceder en el camino de Tu voluntad dondequiera que me haya desviado y obra en mi espíritu para que pueda conocerte y amarte más.

Padre, en Salmos 127:2, Tú prometes que concedes el sueño a Tus amados. Por favor, restaura mi cuerpo y mi mente para que pueda despertarme mañana descansado y renovado con un corazón listo para servirte. Te agradezco porque puedo descansar en paz porque Tú jamás duermes. Para mí es un privilegio que el que ilumina las estrellas del cielo vela por mí, me cuida y me ama incondicionalmente.

Cuán maravilloso es conocerte y encontrar el verdadero descanso en Tus brazos eternos. Estoy tan agradecido de que pase lo que pase mañana, Tú sigues siendo constante e inmutable, y mi futuro está seguro en Tus manos.

En el nombre de Jesús, te lo pido. Amén.

A LOGRAR MÁS
de lo que somos capaces

Y Él me ha dicho: «Te basta Mi gracia, pues Mi poder se perfecciona en la debilidad». Por tanto, con muchísimo gusto me gloriaré más bien en mis debilidades, para que el poder de Cristo more en mí.

—2 CORINTIOS 12:9

Padre, cuán agradecido estoy de poder acercarme a Ti con toda carga o necesidad. Señor, Tú sabes cuánto tengo que hacer y qué tan lejos de mis propias capacidades naturales está llevar a cabo esta tarea. Confieso que todo esto es demasiado y que soy inadecuado para las tareas que me esperan. Sin embargo, Señor, nada es demasiado difícil para Ti. Así que humildemente busco toda Tu ayuda. Gracias porque no es ningún problema para Ti. Gracias porque esta es una oportunidad para ver Tu poder que obra y para ayudarme a confiar más en Ti.

Te alabo, Padre, por todas las veces, en las Escrituras, que permitiste que Tu pueblo enfrentara desafíos que eran mayores de lo que podían superar por su cuenta. Pienso en cómo Gedeón se enfrentó al inmenso ejército de los madianitas y los amalecitas con solo 300 hombres. No obstante, Tú diste la victoria aplastante a Gedeón y al pueblo de Israel. Considero la maravillosa obra que hiciste a través de Nehemías. Aunque Jerusalén había estado en ruinas sin poder hacer nada durante más de 140 años, Tú le diste «al pueblo [...] ánimo para trabajar» (Nehemías 4:6) y las murallas de la ciudad fueron reconstruidas en solo 52 días. Recuerdo cómo permitiste que Tus discípulos alimentaran a 5.000 hombres y a sus familias con solo cinco panes y dos pescados.

¡Lo que Tú hiciste en esas situaciones es asombroso, Señor! Multiplicaste su fuerza, su sabiduría, su deseo, su tiempo, su habilidad y sus provisiones. Tomaste sus escasos recursos y obraste a través de ellos para Tu gloria. Así que, Padre, te pido que hagas lo mismo conmigo. Multiplica mi tiempo, mis talentos, mis provisiones y mi sabiduría. Dame rapidez, habilidad, perspicacia y creatividad. Obra a través de mí y haz lo que solo Tú puedes hacer.

Padre, en esto sé que mi propia mano no puede librarme; todo el honor, la gloria, el poder y la alabanza son Tuyos. Muchas gracias por ayudarme y porque puedo confiar siempre en Ti.

En el nombre de Jesús, te lo pido. Amén.

A SER

un testigo

Toda autoridad me ha sido dada en el cielo y en la tierra. Vayan, pues, y hagan discípulos de todas las naciones, bautizándolos en el nombre del Padre y del Hijo y del Espíritu Santo, enseñándoles a guardar todo lo que les he mandado; y ¡recuerden! Yo estoy con ustedes todos los días, hasta el fin del mundo.

—MATEO 28:18-20

Padre, sé que Tú deseas que yo sea Tu testigo en este mundo, para decirles a los demás sobre Tus buenas nuevas de la salvación y ayudarles a conocer a Jesús como su Señor y Salvador. Esa es la convicción que he recibido a través de Tu Palabra, así que sé que es Tu voluntad. Te pido que quebrantes mi corazón por los perdidos y que me ayudes a ser un testimonio vivo de Ti.

En el nombre de Jesús, concédeme la sabiduría y el valor para hablarles con audacia de Ti a los demás. Muchas personas están en vías de separarse de Ti para siempre en el infierno. Por favor, prepara sus corazones para aceptar Tu salvación. Despierta a los incrédulos para que deseen Tu presencia y ayúdalos a entender que está disponible solo a través de Tu muerte y resurrección, Señor Jesús. Por favor, provee designaciones divinas para que pueda predicar Tu evangelio y llevar a los demás hacia Ti. Mediante Tu Santo Espíritu, guíame a aquellos que anhelan conocerte y dame las palabras que necesitan escuchar.

Señor Jesús, quiero ser el tipo de persona del cual Tú hablas en Mateo 5:16: «Así brille la luz de ustedes delante de los hombres, para que vean sus buenas acciones y glorifiquen a su Padre que está en los cielos». Quiero que mi vida te dé la gloria, el honor y la alabanza. Ayúdame a ser un reflejo de Ti. Límpiame de todo comportamiento y actitud pecaminosa y enséñame a andar en Tus caminos. Que los frutos de Tu Espíritu Santo fluyan a través de mí: amor, gozo, paz, paciencia, benignidad, bondad, fidelidad, mansedumbre y dominio propio, para bendecir a los demás.

Jesús, Tú dijiste: «La cosecha es mucha, pero los obreros pocos» (Lucas 10:2). Envíame a mí, Señor. Obra a través de mí y mediante Tu gran poder sobrenatural y de resurrección, convence a los demás de sus pecados para que de todo corazón se aparten de sus caminos y sigan los Tuyos. Gracias por escuchar mi oración, Señor Jesús. Gracias por llevar a los perdidos a la salvación. Gracias también por invitarme a participar en Tu gran obra eterna. Estoy deseoso de participar en Tu gran cosecha y anticipar ansiosamente todo lo que harás.

En el nombre de Jesús, te lo pido. Amén.

A SER

más amoroso

El amor es paciente, es bondadoso. El amor no tiene envidia; el amor no es jactancioso, no es arrogante. No se porta indecorosamente; no busca lo suyo, no se irrita, no toma en cuenta el mal recibido. El amor no se regocija de la injusticia, sino que se alegra con la verdad. Todo lo sufre, todo lo cree, todo lo espera, todo lo soporta.

El amor nunca deja de ser.

—1 CORINTIOS 13:4-8

Señor Jesús, leí que dijiste: «En esto conocerán todos que son Mis discípulos, si se tienen amor los unos a los otros» (Juan 13:35). Sin embargo, me di cuenta, Señor, de que muchas veces no he respondido a los demás con amor. En su lugar, he despreciado a las personas o he tenido conflictos con ellas, al juzgarlas y reclamarles mis derechos en lugar de mostrarles gracia. Por favor, perdóname, Padre. Sé que no estoy reflejando Tu carácter, y eso daña mi testimonio de Ti.

Por lo tanto, Jesús, Te pido que me hagas más bondadoso. Enséñame a dar mi vida por los demás, al mostrarles un amor incondicional como Tú lo haces. Yo sé que no es algo que pueda elaborar por mi cuenta, sino que es el fruto de Tu Espíritu Santo. Así que, Señor, me someto a Ti para que me hagas más bondadoso y paciente. Elimina toda necesidad de impresionar a los demás, mis celos, mi arrogancia, mi orgullo o mi comportamiento indecoroso. Padre, por favor, sana todo el egoísmo en mí y lo que me irrita fácilmente. Enséñame a ser más sensible, perdonador y compasivo.

Señor, confieso que me he alegrado cuando la gente que no me agrada fracasa; por favor, perdóname. Más bien, ayúdame a alegrarme con la verdad. Apoyaré a todos para que maduren en su fe, confíen más en Ti y experimenten Tu libertad y victoria.

Padre, confiéreme la capacidad para soportar todas las cosas y recordar que cada persona que conozco es alguien que amas y tiene deficiencias, miedos y batallas ocultas que merecen mi compasión. Ayúdame siempre a creer lo mejor de las personas, a esperar y orar por Tus logros en sus vidas y tener un amor por ellos que perdura incluso cuando me ofendan. Señor Jesús, Tú nunca fallas, así que ayúdame a no flaquear en glorificarte y cuidar de los demás.

Gracias, Jesús, haz de mí un canal de Tu amor para aquellos que conozca. Gracias por nunca dejarme ni abandonarme. Le debo tanto a Tu amor incondicional, a los grandes sacrificios que has hecho por mí y las inmensas bendiciones que me has dado. Ayúdame a vivir mi vida como agradecimiento amoroso a Ti.

En el nombre de Jesús, te lo pido. Amén.

A SER
más como Jesús

Porque a los que de antemano conoció, también los predestinó a ser hechos conforme a la imagen de Su Hijo, para que Él sea el primogénito entre muchos hermanos. A los que predestinó, a esos también llamó. A los que llamó, a esos también justificó. A los que justificó, a esos también glorificó.

—ROMANOS 8:29-30

Señor Dios todopoderoso, gracias por salvarme y llamarme Tuyo. Estoy tan agradecido de ser Tu hijo, dotado de toda bendición espiritual. A parte de un corazón agradecido, Padre, deseo caminar en Tu voluntad y en una manera que te agrade. Sé que esto significa que erradicarás las actitudes y los hábitos que ya no me convienen como creyente y hazme conforme a la semejanza de Jesús. Por lo tanto, Padre, me someto a Ti y afirmo mi deseo de presentarte mi cuerpo como un sacrificio vivo y santo como un acto de adoración a Ti.

Transforma mi carácter para ser más como Tú, Jesús. Ayúdame a pensar como Tú y a comportarme de una manera que te exalte para que los demás puedan creer y ser salvos. Te entrego mis pensamientos y mis caminos, Señor. Enséñame a vivir en Tu libertad y líbrame de la esclavitud del pecado para poder caminar en Tu libertad. Lléname con la confianza que Tú demostraste al caminar en la tierra; Tu firme compromiso con la carrera, Tu fe inquebrantable y Tu seguridad infalible de que toda Tu Palabra se cumplirá.

Señor Jesús, quiero ser hecho conforme a Tu ejemplo de obediencia y someterme a Tu plan sin importar los obstáculos, los desafíos ni los sacrificios. Señor, dame Tu corazón para los demás, que demuestra la gracia, la compasión y el amor abnegado. Haz que me apasione por Tu santidad. Ayúdame a siempre centrarme plenamente en Ti, al cumplir Tus planes en Tus caminos y en Tu tiempo, y a no desanimarme ni ser vencido por las pruebas.

Muéstrame mi parte en Tu misión, al ayudar a los demás a conocerte y experimentarte en una relación eterna e ininterrumpida y a convertirse en Tus seguidores totalmente fieles. Capacítame, Señor Jesús, a través de la presencia de Tu Espíritu Santo, que el mismo poder de la resurrección pueda manifestarse en mi vida para que otros puedan conocerte a Ti, el Dios vivo.

En todos los aspectos, Señor Jesús, hazme como Tú. En mi conversación, conducta y carácter, que la gente perciba Tu presencia, vea Tu luz y te glorifique.

En el nombre de Jesús, te lo pido. Amén.

A RECLAMAR
una promesa

*Bendito sea el SEÑOR, que ha dado reposo a Su pueblo Israel,
conforme a todo lo que prometió. Ninguna palabra ha fallado de
toda Su buena promesa que hizo por medio de Su siervo Moisés.*
—1 REYES 8:56

Señor Dios, cuán maravillosa es Tu Palabra y cuán grandes las promesas que les has hecho a aquellos que te aman y andan según Tus propósitos. Gracias por guiarme por el camino de Tu voluntad a través de las Escrituras y por enseñarme Tus caminos. Verdaderamente, Tú eres bueno, bondadoso y fiel.

Padre, como he estado leyendo Tu Palabra, Tu promesa en ___[referencia bíblica]___ ha estado en mi corazón y me ha venido a la mente muchas veces. Por tanto, Señor, te pido que me muestres si esta es una promesa que puedo aplicar en mi vida. Si es así, ¿cómo puedo hacerlo de una manera que te honre? Muéstrame, Padre. Confírmame Tus promesas.

Ayúdame a siempre centrarme en las realidades y los principios que mantienen Tus promesas, Padre. Tú te revelas a través de ellas y me acercas más a Ti, y Tu sabiduría, poder y carácter fiel permiten que se cumplan. En otras palabras, Señor Jesús, el propósito de una promesa es exaltarte a Ti, el gran cumplidor de promesas. Entonces, cuando lea personalmente Tus declaraciones bíblicas, ayúdame a no estar tan absorto en lo que darás sino en lo que eres.

Señor Jesús, sé que eres fiel para cumplir toda Tu buena y maravillosa Palabra. Confío, Señor y Dios mío, en que tienes un plan bueno, aceptable y perfecto para mi vida. Escojo Tus propósitos por encima de los míos, Padre. Ayúdame a caminar en Tu voluntad y a exaltarte en todas las cosas.

En el nombre de Jesús, te lo pido. Amén.

A HACER LO QUE NO
tiene sentido

«*Porque Mis pensamientos no son los pensamientos
de ustedes,
Ni sus caminos son Mis caminos», declara el Señor.
«Porque como los cielos son más altos que la tierra,
Así Mis caminos son más altos que sus caminos,
Y Mis pensamientos más que sus pensamientos.
Porque como descienden de los cielos la lluvia y la nieve,
Y no vuelven allá sino que riegan la tierra,
Haciéndola producir y germinar,
Dando semilla al sembrador y pan al que come,
Así será Mi palabra que sale de Mi boca,
No volverá a Mí vacía
Sin haber realizado lo que deseo,
Y logrado el propósito para el cual la envié».*

—ISAÍAS 55:8-11

Padre, gracias por amarme y guiarme en todo. Señor, como te he buscado en estos últimos días y meses a través de Tu Palabra y en oración, percibo que me estás llamando para obedecerte en formas que no puedo entender plenamente y que están mucho más allá de mis capacidades naturales. Sé que me estás pidiendo que avance por fe y que confíe en Ti, aunque no tenga una visión completa de cómo cumplirás Tus planes para mí. Señor Jesús, declaro que confío en Ti y te obedeceré.

Como Abraham que partió desde Ur de los Caldeos sin saber a dónde iba, haré como Tú digas y daré este paso con confianza en Ti. No dejaré que mi corazón se desvíe de seguirte por obstáculos o dificultades, Padre. En su lugar, haré lo que Tú digas y te dejaré las consecuencias a Ti. Sé que esta es una oportunidad increíble para que demuestres Tu fidelidad y amor, forjes mi carácter y profundices nuestra relación. También reconozco que, en Tu economía, lo que Tú prometes ya se ha cumplido. Así que ahora te agradezco, Padre, por hacer realidad Tus promesas.

Padre, por favor, dame Tu sabiduría y guíame en cada paso del camino. Te agradezco por los ejemplos de José, Moisés, David y Pablo, quienes avanzaron con fe y descubrieron que eres digno de confianza, bueno, poderoso y sabio. Gracias por la verdad de Tu Palabra mediante la cual Tú me guías. Ayúdame a mantenerme fuerte, al recordar sucesos pasados, al rechazar palabras desalentadoras, al reconocer la naturaleza espiritual de las batallas que enfrento, al responder a las pruebas con una confesión positiva, al depender de Tu poder y al estimar la victoria. Sé que puedo enfrentar cualquier circunstancia con confianza y esperanza porque la victoria viene de Tu mano.

Así que me regocijo en Ti, Señor, y en todo lo que harás. Cuán agradecido estoy de que vamos juntos en esta aventura y que, sin importar lo que pase, Tú estás conmigo. A Ti sea la gloria en esta situación y cada aspecto de mi vida.

En el nombre de Jesús, te lo pido. Amén.

A ENCONTRAR UNA
iglesia local

Consideremos cómo estimularnos unos a otros al amor y a las buenas obras no dejando de congregarnos, como algunos tienen por costumbre, sino exhortándonos unos a otros, y mucho más al ver que el día se acerca.

—HEBREOS 10:24-25

Padre, gracias por adoptarme en Tu familia y por darme hermanos y hermanas cristianos con quienes caminar en la vida. Cuán agradecido estoy de que no me has llamado para «hacerlo solo», sino que has planeado con anticipación para que yo tenga el sistema de apoyo mientras maduro en mi fe. Gracias, Padre, porque ya sabes dónde deseas que me una y te sirva. Llévame a una iglesia local donde pueda adorarte en espíritu y en verdad.

Padre, mientras visito iglesias, confío en Tu dirección. Por favor, ayúdame a discernir si una iglesia es sana, creciente y de mentalidad de ministerio. Hazme sensible a las doctrinas de la iglesia, si creen que Jesús es el único camino a la salvación; si la Biblia es Tu Palabra; si el nacimiento virginal, la resurrección física y la segunda venida de Jesús son ciertos; que hay un tiempo para que cada persona esté de pie delante de Ti y rinda cuentas; y que el cielo y el infierno son reales. Llévame a una iglesia donde mi familia y yo podamos crecer en nuestra fe, donde nuestra relación contigo se fortalezca, donde aprendamos y entendamos más sobre las Escrituras, donde sirvamos con los dones que nos has dado y te experimentemos juntos. También oro por una iglesia que sea evangélica y de mentalidad misionera, que marque la diferencia tanto en la comunidad local como alrededor del mundo para Tu reino con las buenas nuevas de la salvación.

Gracias, Padre, por llevarme a una iglesia que me enseñará sobre Jesús y lo exaltará, será mi grupo de apoyo en tiempos difíciles y me enseñará a servirte con toda mi vida. Padre, haz que yo sea un buen miembro de la iglesia, alguien que promueva la unidad, rebose de los frutos del Espíritu y te siga con todo el corazón. Gracias, Señor, por Tu cuerpo. Espero con ansias todo lo que harás a través de nosotros juntos.

En el nombre de Jesús, te lo pido. Amén.

A INTERCEDER
por nuestros hijos

Un don del SEÑOR son los hijos,
Y recompensa es el fruto del vientre.
Como flechas en la mano del guerrero,
Así son los hijos tenidos en la juventud.
— SALMOS 127:3-4

Padre, gracias por ser un hermoso ejemplo del tipo de padre que yo debería ser. Tú nos amas, nos perdonas, nos instruyes, nos escuchas, nos provees y estableces límites para nuestra protección. Nos llamas a cada uno de nosotros a una relación personal contigo. Padre celestial, Tú eres muy bondadoso y paciente. Gracias por amar a mis hijos incluso más de lo que yo los amo y por los maravillosos planes que tienes para sus vidas.

Lo primero que te pido para mis hijos es que te conozcan como Salvador, con una fe propia. Gracias por darme la oportunidad de guiarlos y construir bases bíblicas en sus vidas. Por favor, dame el deseo, la energía y la sabiduría para invertir en ellos con el fin de que puedan experimentar la bendición duradera de caminar en obediencia a Ti. Cada hijo tiene una personalidad y dones únicos; por tanto, por favor, dame el conocimiento y el discernimiento para ministrar a cada uno de manera individual, incluso como Tú lo haces, Padre. En cada etapa de sus vidas, dótame de un aprecio por cómo los has formado y muéstrame la mejor manera de enfatizar todos los buenos dones que Tú les has otorgado para Tu gloria. Cuando tengan angustia y luchas, no permitas que aumenten sus cargas. En su lugar, ayúdame a ser un instrumento de Tu paz, al dirigirlos hacia Ti.

Permíteme proveer un hogar piadoso para que mis hijos aprendan a honrarte y a glorificarte durante toda su vida. Ayúdame a enseñar a mis hijos a buscarte como Señor, al inculcarles el amor por Tu Palabra y un entendimiento de lo hermosa, personal y poderosa que puede ser la oración. Jesús, te ruego que mis hijos sigan Tu ejemplo, se conformen a Tu carácter y busquen oportunidades para representarte ante los demás. Que maduren en su caminar, su adoración y su testimonio. Enséñales a ser sabios, humildes y santos, Señor Jesús, llenos del fruto de Tu Espíritu. Dales amigos e influencias piadosas que les ayuden a servirte bien.

Por favor, despierta espiritualmente a nuestra familia, haz que cada uno de nosotros se dedique a Ti y únenos aún más. Asimismo, Padre, en todas las formas en que mi familia no te experimenta plenamente, te ruego que me muestres dónde estoy fallando en ser el padre que necesito ser. Guíame mediante Tu Espíritu Santo para conocer los comportamientos y las actitudes que socavan el bienestar de mis hijos. Ayúdame a ver siempre a mis hijos como una bendición y a verme a mí mismo como su mayordomo, al comprometerme a hacer todo lo necesario para que mis niños permanezcan en Tu equipo.

Te ruego que mis hijos crezcan en Tu gracia, maduren en su fe, Te exalten con sus dones y testifiquen valientemente sobre Ti a los demás. Deja que su luz brille ante los demás, que puedan ver sus buenas obras y te glorifiquen, nuestro Padre en el cielo. Sé que eso es Tu voluntad según Tu Palabra. Gracias por todo lo que harás a través de ellos, Señor, y por Tu asombrosa fidelidad.

En el nombre de Jesús, te lo pido. Amén.

A INTERCEDER
por los perdidos

Y viendo las multitudes, tuvo compasión de ellas, porque esta-
ban angustiadas y abatidas como ovejas que no tienen pastor.
Entonces dijo a Sus discípulos: «La cosecha es mucha, pero los
obreros pocos. Por tanto, pidan al Señor de la cosecha que envíe
obreros a Su cosecha».

—MATEO 9:36-38

Señor Jesús, cuán agradecido estoy de que escuches mis oraciones. Te alabo por estar tan cerca de aquellos que te buscan. Gracias por limpiarme de mi pecado a través de Tu muerte y resurrección. Cuánto anhelo que más personas se aferren a Tu gracia. Por tanto, Padre, oro por los perdidos y te pido que prepares sus corazones para aceptar Tu salvación. Despierta en los incrédulos el deseo de Tu presencia y ayúdalos a entender que está disponible solo a través de la muerte y resurrección del Señor Jesús.

Padre, todos los días las personas experimentan eventos que los llevan a hacerse preguntas. Se asustan, enfrentan necesidades y se sienten confundidos y lastimados. Sus corazones claman por respuestas, Señor, pero buscan soluciones a su dolor en lugares que solo ofrecen un alivio temporal y vacío. Señor Jesús, por favor, muestra a los perdidos que el camino, la verdad y la vida solo se pueden encontrar en Ti. Por favor, ponme a mí y a otros cristianos en su camino.

Has llamado a los creyentes para que sean Tus embajadores aquí en la tierra; nos llamas por Tu propio nombre. Sin embargo, no siempre te hemos representado bien. Padre, ayúdanos a humillarnos, motívanos a orar, haznos estar hambrientos de Tu presencia y muéstranos las iniquidades de nuestros caminos para que nos apartemos de ellas. Haz brillar Tu luz a través de nuestras vidas. También ayúdanos a ser valientes en nuestro testimonio a este mundo perdido y agonizante.

Mediante Tu Espíritu Santo, danos designaciones divinas dondequiera que vayamos, Padre, que prediquemos Tu evangelio y que muchos sean salvos. Ciertamente, Señor, Tú siempre provees lo que es bueno y Tu Palabra nunca regresa vacía; siempre cumples Tus deseos. Por tanto, llena mi boca de Tu mensaje. Guía nuestros pasos hacia aquellos que anhelan conocerte y danos las palabras para llegar a sus corazones con Tu verdad.

Gracias por la salvación, por escuchar mi oración y por ablandar los corazones de los perdidos. Gracias por llevar el despertar espiritual a muchas personas que te necesitan. Gracias por toda rodilla que se dobla y por cada lengua que confiesa que Jesús es el Señor, para la gloria de Dios el Padre. Porque Tú, mi Salvador, eres digno de todo honor, poder y alabanza, ahora y para siempre.

En el nombre de Jesús, te lo pido. Amén.

A AMAR
más a Jesús

*Y AMARÁS AL SEÑOR TU DIOS CON TODO TU CORAZÓN, Y CON
TODA TU ALMA, Y CON TODA TU MENTE, Y CON TODA TU FUERZA.*
—MARCOS 12:30

Señor, quiero amarte más. Cuán agradecido estoy de saber que esta es una oración que deseas responder. Sé que los problemas que tengo en confiar y obedecerte se dan porque no te conozco ni te amo tan profundamente como debería. Por tanto, Padre, inclino mi corazón para buscar Tu rostro y anhelo tener una comprensión más profunda e íntima de Tus caminos, de Tu voluntad y de quién eres. Manifiéstate, Señor Jesús. Cuando abra Tu Palabra y me arrodille delante de Ti en oración, muéstrame Tu maravilloso rostro. Quiero conocerte de verdad.

Gracias por amarme y llevarme a amarte más. Confieso que no siempre he actuado de manera afectuosa contigo. He necesitado de Ti, me he apoyado en Ti, he clamado a Ti en tiempos de crisis, pero no siempre por amor. Sin embargo, siempre me has respondido con compasión y misericordia. Perdóname, Padre. Gracias por no tratarme de la manera que a menudo te trato, sino por siempre guiarme con bondad, sabiduría y gracia.

Así que hoy no te busco por temor ni egoísmo, por alguna necesidad o problema. Solo te necesito. Declaro como lo hizo Pablo: «Yo estimo como pérdida todas las cosas en vista del incomparable valor de conocer a Cristo Jesús, mi Señor» (Filipenses 3:8). Deseo pasar el tiempo contigo y encontrar gozo en Tu presencia. Anhelo complacerte y adorarte, mi Redentor y Rey.

Te amo, Señor Jesús. Gracias por ser mi Salvador y por darme el privilegio de tener una relación contigo. Lo que sea que desees de mí, la respuesta es sí. Gracias por escuchar mi oración.

En el nombre de Jesús, te lo pido. Amén.

A OBEDECER A DIOS
cuando cuesta

Ofrece a Dios sacrificio de acción de gracias,
Y cumple tus votos al Altísimo.
Invoca Mi nombre en el día de la angustia;
Yo te libraré, y tú me honrarás.

—SALMOS 50:14-15

Señor Dios, gracias por salvarme, por llamarme Tuyo y por darme un propósito. Gracias por hablar a través de Tu Palabra y por guiarme en las decisiones que tengo que tomar. Señor, Tú sabes que este paso es difícil debido a lo mucho que me costará y a aquellos que amo. Sé que me estás llamando a avanzar por fe, al confiar no solo en que verdaderamente puedes suplir todas mis necesidades, sino también que hay una recompensa cuando te busque y te obedezca.

Afirmo que mi deseo es someterme a Ti y caminar en Tu voluntad. Sin embargo, también confieso mis temores, Padre, y la tentación de preocuparme por el costo en lugar de centrarme en Ti y tener fe. Por favor, ayúdame. Te pido que me confirmes que este es realmente el camino que debo seguir. Dame promesas a las que pueda aferrarme para no flaquear ni perder la esperanza cuando surjan desafíos o las respuestas se retrasen. Concédeme la gracia y la sabiduría para hacer todo lo que me pidas y capacítame para hacer Tu voluntad.

Señor, mi respuesta a Ti es sí. Independientemente del costo, obedeceré, al reconocer que Tú eres el Señor Dios todopoderoso: mi Salvador, Redentor y Rey. Tú me has creado y compraste mi vida y eres digno de mi devoción. Tú eres mi esperanza, mi vida, mi todo. Avanzo por fe y me apoyo en Tus brazos eternos. Gracias por nunca fallarme ni abandonarme; más bien, Tú siempre me guías a lo mejor de Ti. Confiaré en Ti. Que mi vida te dé el honor, la gloria y la alabanza.

En el nombre de Jesús, te lo pido. Amén.

A OBEDECER A DIOS
cuando los demás
no entienden

Porque ¿busco ahora el favor de los hombres o el de Dios? ¿O
me esfuerzo por agradar a los hombres? Si yo todavía estuviera
tratando de agradar a los hombres, no sería siervo de Cristo.

—GÁLATAS 1:10

Señor Jesús, te agradezco por Tu presencia en mi vida y por haberme guiado en Tu voluntad. A pesar de los desafíos, las dificultades y las desilusiones, sé que estás obrando y que el camino que tienes para mí es bueno. Sin embargo, confieso que a veces me siento solo porque mis seres queridos no entienden el rumbo que Tú has establecido para mí o la manera en la que me has dotado.

Señor Jesús, la presión de los demás puede ser enorme y desalentadora. No obstante, confío en Tu sabiduría. Gracias por compadecerte de mí, por entender mis luchas y por ser mi gran Sumo Sacerdote. Tú conoces mis interrogantes más profundas, mis grandes sueños y mis heridas más hondas. Tú intercedes por mí en el trono de la gracia, eres misericordioso conmigo y me ayudas en mi tiempo de necesidad. Lo que me da más consuelo es que Tú has vivido todo lo que yo he experimentado: rechazos, menosprecios e incluso adversidades dentro de Tu familia terrenal; y, sin embargo, superaste todo sin pecar. Gracias por tener compasión de mí y por enseñarme a caminar de una manera que te honre.

Jesús, gracias por estar siempre conmigo, incluso cuando todos los demás me abandonan. Gracias por protegerme, por proveerme y por capacitarme para cumplir Tu voluntad. Te alabo porque tienes el mejor plan, el que no se compara con ninguno en la tierra; y permites que viva la vida en plenitud. Haré como Tú me pidas. A Ti sea toda la alabanza.

En el nombre de Jesús, te lo pido. Amén.

A MOSTRAR EL
fruto del Espíritu

Pero el fruto del Espíritu es amor, gozo, paz, paciencia, benigni-
dad, bondad, fidelidad, mansedumbre, dominio propio.
—GÁLATAS 5:22-23

Padre, cuán agradecido estoy de que desees vivir Tu vida a través de mí. Gracias por hacerme conforme a la imagen de Jesús y por
ayudarme a ser más como Tú en todos los aspectos. Tú cambias mis
deseos, necesidades, hábitos, metas más recónditas e incluso los
modelos según los cuales actúo mientras camino contigo. Gracias
porque a pesar de que se necesita tiempo y esfuerzo intencional para
cambiar el pensamiento y los comportamientos que están arraigados
en mí, Tú nunca te rindes.

Señor, cuando leo sobre el fruto de Tu Espíritu y Tus mandamientos sobre cómo relacionarme con los demás, estoy consciente de la
frecuencia con que me quedo corto. Quiero ser tan amoroso, alegre,
pacífico, paciente, bondadoso, bueno, fiel, gentil y con dominio propio como Tú. Sé que estos no son modelos de respuesta que pueda
cambiar por mi cuenta, sino que necesitan de Tu intervención espiritual porque van en contra de lo que soy en mi carne. Solo Tú puedes
transformarme completamente para que estos atributos puedan fluir
a través mí.

Por tanto, Jesús, inclino mi corazón para cooperar contigo. Tú
dijiste: «Yo soy la vid, ustedes los sarmientos; el que permanece en Mí
y Yo en él, ese da mucho fruto, porque separados de Mí nada pueden

hacer» (Juan 15:5). Afirmo eso, Señor Jesús. Ver que Tu vida fluye en mí es lo que me permite vivir la vida cristiana y llevar las marcas distintivas del carácter que son el fruto de Tu Espíritu. Así que enséñame a permanecer en Ti para que Tu fruto siempre pueda producirse a través de mí para Tu gloria. Muéstrame si hay alguna impiedad en mí, y yo me arrepienta y ande en Tus caminos.

Gracias, Señor Jesús, por darme Tu Espíritu Santo para ayudarme. Gracias no solo por conferirme Tu santidad a través de la cruz, sino también por transformarme en una vasija de esa vida santa y por permitirme vivirla. Me someto a Ti. A Ti sea todo el honor, la gloria, el poder y la alabanza para siempre.

En el nombre de Jesús, te lo pido. Amén.

A INTERCEDER POR

nuestro país

Si se humillare mi pueblo, sobre el cual mi nombre es invocado, y oraren, y buscaren mi rostro, y se convirtieren de sus malos caminos; entonces yo oiré desde los cielos, y perdonaré sus pecados, y sanaré su tierra.

—2 CRÓNICAS 7:14, RVR1960

Padre, gracias por el país que has escogido para que sea mi hogar. En Tu gracia, Tú decidiste dónde nacería, cómo llegaría a conocerte como mi Salvador y dónde te serviría. Gracias, Señor Dios. Hoy te pido que abras mis ojos para ver este país como Tú lo ves. Danos tristeza, a mis conciudadanos y a mí, por esas cosas que entristecen Tu corazón y la determinación para arrepentirnos de nuestros caminos pecaminosos; que nos acerquemos más a Ti y que experimentemos más Tu presencia, Tu provisión y Tu protección. Enséñanos a confiar únicamente en la esperanza eterna que Tú nos das, en lugar del optimismo vacío de este mundo.

Ayúdanos, Señor, a encaminarnos correctamente y a aceptar los propósitos que planeaste para nosotros como país. Envía un despertar espiritual a los ciudadanos y lleva el avivamiento de Tu iglesia. Perdónanos, Señor, por permitir que la inmoralidad desenfrenada nos envuelva como país y muéstranos cómo podemos terminar con la injusticia en nuestra tierra, para que comencemos con nuestros propios corazones y mentes. Purifícanos y perfecciónanos como pueblo Tuyo, para que podamos reflejar Tu gloria y llevar a los demás hacia

Ti. Dales a los creyentes el valor para hablar y defender lo que es justo ante Tus ojos. Enséñanos Tus palabras y que nuestro mensaje traspase los corazones de nuestros conciudadanos con Tu verdad. Ayúdanos a ser sal y luz para que muchos te conozcan como Salvador.

Padre, te ruego que atraigas a los líderes de este país hacia Ti para renovar su humildad y fe. Que los que no te conocen acepten a Jesús como su Señor y Salvador. Crea un deseo de mayor responsabilidad, tanto en nuestras vidas como en las de nuestros líderes. Habla con nuestros legisladores como solo Tú puedes. Convéncelos de su responsabilidad, en primer lugar, para contigo y en segundo lugar para con las personas que les has permitido dirigir. Libéralos de la esclavitud de ideologías destructivas que nos alejan de Ti. Muéstranos, Señor, quién merece nuestro voto. Ayúdanos a elegir a los hombres y mujeres con los que deseas trabajar en los próximos años.

Protégenos de enemigos tanto externos como internos. Asimismo, Padre celestial, muéstranos la manera de salir de las deudas. Líbranos de la carga de impuestos excesivos y pon de nuevo a trabajar a nuestro país. Danos un entendimiento renovado sobre nuestras responsabilidades mutuas y restablece nuestro deseo de ayudar a los necesitados.

Señor Dios, ponnos de rodillas como país. Enséñanos a orar. Muéstranos Tu poder, amor y sabiduría mientras nos postramos ante Ti. Padre, tenemos fe en que puedes moverte poderosamente y que harás cosas maravillosas si nos humillamos ante Ti. Confiamos en que nos dirás lo que tenemos que hacer. Por favor, danos la fuerza y el conocimiento para llevar a cabo Tus maravillosos planes. Atráenos hacia Ti y ayúdanos a interceder por nuestro país y nuestros líderes. Guíanos en Tu amor para que podamos dirigir a los demás hacia Ti con generosidad y fidelidad y ser una luz para el mundo. Acudimos a Ti y contamos con Tu gracia hoy y todos los días. A Ti sea todo el honor, la gloria, el poder y la alabanza en esta nación y en todos los países de la tierra.

En el nombre de Jesús, te lo pido. Amén.

A APOYAR
a Israel

Oren ustedes por la paz de Jerusalén:
«Sean prosperados los que te aman.
Haya paz dentro de tus muros,
Y prosperidad en tus palacios».

—SALMOS 122:6-7

Dios de Abraham, Isaac y Jacob, Tú guardas Tus pactos hasta mil generaciones y siempre has cumplido Tu Palabra a Tu pueblo. Gracias por ser tan fiel con Israel y por cumplir Tu promesa de restablecerla en la tierra que le diste como herencia. Señor, Tú eres el defensor y Rey de Israel y has hecho milagros a su favor. Gracias por esta nación que Tú elegiste como plataforma para Tu gloriosa obra.

Te ruego por Israel como nación. Que sus líderes sean como el rey David: hombres y mujeres conformes a Tu corazón, que harán Tu voluntad sin importar el costo. Padre, convéncelos de dejar sus luchas internas y su corrupción y ayúdalos a trabajar juntos por el bienestar del país. Gracias por la prosperidad y la sabiduría que les has dado a los judíos. Israel se erige en el mundo como una maravilla tecnológica y militar; y eso se debe al favor que le has hecho. Te pido que los países del mundo tomen en serio Tus pactos con Israel y entiendan que Tú bendices a aquellos que la apoyan y maldices a aquellos que se oponen a ella. Verdaderamente, Jerusalén se ha convertido en una copa de vértigo para todas las naciones. Defiéndela contra ataques, Señor, asegura sus fronteras, protégela de los enemigos internos y externos, dale paz y dótala de favores cuando otras naciones debatan su futuro. Te alabo porque ningún país ni confederación puede hacer nada en su contra sin Tu permiso.

Cuán bendecida y favorecida es Israel que Tú, el Señor y Salvador de toda la humanidad, Jesucristo, has procedido de ella. Gracias, Señor Jesús, porque a todas las personas de la tierra se les ha ofrecido el regalo de la salvación a través de Tu muerte en la cruz y Tu resurrección. Que la gente de Israel reconozca su culpa, busque Tu rostro y acepte a Jesús como el Mesías que ellos han estado esperando. Haz que los corazones de todos los judíos en el mundo vuelvan a Ti, Señor Dios, y que el gran despertar espiritual comience sobre Tu pueblo escogido. Asimismo, te ruego que incluso los enemigos de Israel te conozcan como Señor y Salvador y que a través de Ti tengan vida eterna.

Que los cristianos de todo el mundo reconozcan Tu continua relación especial con Israel, que apoyen y que bendigan a los judíos, que oren por la paz de Jerusalén, que luchen contra el antisemitismo en todas sus formas y que renuncien a teologías que niegan las promesas incondicionales que has hecho a los descendientes de Abraham. Gracias, Señor Jesús, por escuchar mis oraciones y por cumplir todas Tus promesas a los judíos.

En el nombre de Jesús, te lo pido. Amén.

A INTERCEDER POR

el avivamiento y el despertar espiritual mundial

Avívanos, e invocaremos Tu nombre.
Oh SEÑOR, Dios de los ejércitos, restáuranos;
Haz resplandecer Tu rostro sobre nosotros y seremos salvos.
—SALMOS 80:18-19

Señor Dios todopoderoso, Tú eres digno de toda adoración y alabanza. No obstante, Padre, yo sé que muchos aún no te conocen como Salvador y que en muchas áreas Tu iglesia tiene dificultades. Por tanto, Padre, vengo ante Ti para pedir Tu intervención; ayúdanos a exaltarte. Aviva Tu iglesia en todo el mundo y envía un despertar espiritual sobre todos los que aún no conocen a Jesús como Salvador.

Perdónanos, Señor Dios, por cómo Tu pueblo se ha desviado de Ti. Lleva a Tu iglesia al lugar donde tengamos la valentía de admitir que no tenemos todas las respuestas, que hemos cometido errores y que hemos llegado a asemejarnos demasiado al mundo. Guíanos a Tu sabiduría y enséñanos a hacer Tu voluntad. Anhelamos confiar completamente en Ti en todas las cosas y seguirte en obediencia para que otros puedan conocerte y ser salvos.

Dios todopoderoso, por favor, dale a Tu pueblo hambre de Tu presencia y sed de Tu justicia y audacia para anunciar Tu Palabra. Llévanos a las Escrituras para que te podamos conocer de nuevo. Ayúdanos a escuchar Tu voz y a dirigirnos mediante Tu Espíritu Santo para que podamos caminar en el centro de Tu voluntad y estar perfectamente alineados con Tus propósitos. Por favor, habla de unidad y paz a nosotros, Tu pueblo, para que llevemos las buenas nuevas de Jesucristo a los que están perdidos y a los que están pereciendo. No dejes que volvamos a la insensatez, Padre, al destruir nuestros testimonios ante las personas que nos rodean. En su lugar, enséñanos a llevar Tu mensaje con bondad, verdad, justicia y mansedumbre a las partes más lejanas de la tierra.

Te pedimos que prepares los corazones de los perdidos para que acepten Tu salvación. Despierta en los incrédulos su deseo de Tu presencia y ayúdales a entender que solo está disponible a través de la muerte y la resurrección de nuestro Señor Jesucristo. Danos designaciones divinas dondequiera que vayamos, Padre, para que prediquemos Tu evangelio y para que muchos sean salvos. Envía creyentes a los no alcanzados; sí, incluso a las áreas antagónicas a Ti, para que las personas de todas las naciones, tribus y lenguas te adoren.

En realidad, Señor, Tú siempre das lo que es bueno y Tu Palabra nunca regresa vacía, siempre dará su fruto. Mediante Tu Espíritu Santo, guía nuestros pasos hacia aquellos que anhelan conocerte y danos las palabras que necesitan escuchar. Nuestros corazones anhelan ver que todas las naciones en la tierra alaben Tu santo y maravilloso nombre. La bondad que nos has mostrado es inmensurable y deseamos que las personas en todo el mundo conozcan Tu provisión eterna de salvación a través de Jesucristo.

Así que, Señor, por favor, haz que Tu pueblo sea luz a las naciones y un ejemplo del amor y la gracia del Salvador. Que los perdidos lleguen a comprender la libertad espiritual del pecado que nos has proporcionado tan generosamente. Te damos alabanzas por todo lo que estás haciendo y por lo que harás. Gracias por avivar Tu iglesia en todo el mundo y por llevar el despertar espiritual a los incrédulos. A Ti sea todo el honor, la gloria y la alabanza ahora y para siempre.

En el nombre de Jesús, te lo pido. Amén.

A AMARA
nuestros enemigos

Amen a sus enemigos; hagan bien a los que los aborrecen; bendigan a los que los maldicen; oren por los que los insultan. Al que te hiera en la mejilla, preséntale también la otra; y al que te quite la capa, no le niegues tampoco la túnica. A todo el que te pida, dale, y al que te quite lo que es tuyo, no se lo reclames. Y así como quieran que los hombres les hagan a ustedes, hagan con ellos de la misma manera. [...] Antes bien, amen a sus enemigos, y hagan bien, y presten no esperando nada a cambio, y su recompensa será grande, y serán hijos del Altísimo; porque Él es bondadoso para con los ingratos y perversos.

—LUCAS 6:27-31, 35

Padre, gracias por salvaguardarme y por darme refugio bajo Tus alas de protección. En verdad, Tu fidelidad ha sido un escudo y baluarte para mí. Sé que nadie puede tocar mi vida sin Tu consentimiento. Por lo tanto, no temeré. Sin embargo, Padre, me llamas a orar por mis enemigos y a mostrarles amor. Así que te obedeceré en eso, mi Señor y mi Dios.

Señor, en primer lugar, te pido que protejas mi corazón con Tu perdón. No permitas que esté resentido o enojado porque eso le daría al enemigo un punto de apoyo. Me arrepiento de toda amargura que ya se ha arraigado dentro de mí. En su lugar, Padre, confío en que Tú eres mi escudo y defensor, y has prometido: «Ningún arma forjada contra ti prosperará, y condenarás toda lengua que se alce contra ti en juicio. Esta es la herencia de los siervos del Señor, y su justificación procede de Mí» (Isaías 54:17). Por lo tanto, Padre, ayúdame siempre a ser un buen testigo.

Dicho eso, Señor, dirijo mi oración a la condición de los que me han atacado. Tú los amas, incluso si aún no te han aceptado como Señor y Salvador. Tú los creaste, aunque no te estén sirviendo. Así que quebranta mi corazón, Jesús, por las heridas en ellos que les provocan que ataquen como me atacaron a mí. Ayúdame a recordar siempre que mucho de lo que ocurre dentro del corazón humano es una batalla espiritual y que a menudo las personas actúan de la manera en que lo hacen por razones desconocidas incluso para ellos.

Por tanto, Señor Jesús, por favor, atráelos hacia Ti, muéstrales Tu verdad y si todavía no te conocen como Salvador, revélales Tu salvación de una manera poderosa. Convéncelos de sus pecados para que se arrepientan y caminen en Tu voluntad. Sana sus heridas y muéstrate poderoso en su favor. Quita la amargura y llénalos de Tu amor. Dales esperanza y propósito. Ellos te necesitan, Señor. Necesitan conocerte y tener Tu poderosa obra en sus vidas. Así que perdónalos, porque no saben lo que hacen. Si quieres obrar a través de mí como instrumento de Tu paz, enséñame cómo puedo bendecirlos y hacer bien por ellos.

Dios Altísimo, convierte a mis enemigos en amigos para que podamos alabarte juntos. Gracias por escuchar mis oraciones y por ser mi torre infalible de fuerza y seguridad. A Ti sea toda la gloria ahora y para siempre.

En el nombre de Jesús, te lo pido. Amén.

A VESTIRNOS CON LA
armadura espiritual

Fortalézcanse en el Señor y en el poder de su fuerza. Revístanse con toda la armadura de Dios para que puedan estar firmes contra las insidias del diablo. Porque nuestra lucha no es contra sangre y carne, sino contra principados, contra potestades, contra los poderes de este mundo de tinieblas, contra las fuerzas espirituales de maldad en las regiones celestes.

—EFESIOS 6:10-12

Padre, gracias por ofrecerme Tu fuerza y por vestirme en Tu gran poder. Gracias por brindarme Tu armadura indestructible e impenetrable para que pueda servirte y permanecer firme contra todas las estrategias del diablo. Ayúdame a siempre recordar que no lucho contra enemigos de carne y sangre, sino contra principados y autoridades malignas del mundo invisible, contra potestades de tinieblas y contra espíritus malignos en las regiones celestes.

Padre, me ordenas que acepte Tu armadura, así que sujétala a mí, Señor, para que pueda resistir al enemigo en el tiempo malo y soportar firmemente todo lo que pase. Ayúdame a mantenerme firme al ponerme el cinturón de la verdad, que me protege contra las mentiras del enemigo, y Tu justicia, que me protege de las trampas del enemigo. De zapatos, te pido que me adornes de la paz que viene de las buenas nuevas para que esté plenamente preparado para representarte bien ante todos los que encuentre. Que la misión del evangelio me sostenga dondequiera que vaya.

Además, ayúdame a sostener el escudo de la fe para detener todas las flechas ardientes del diablo. Su deseo es atacarme al corazón para desanimarme, pero confiaré en Ti. Padre, guarda mi mente con la salvación que me has dado como casco y ayúdame a tomar la espada del Espíritu, que es Tu Palabra. Señor, trae a mi mente los versículos para luchar contra los ataques del enemigo.

Ayúdame a orar en el Espíritu en todo momento y en toda ocasión, y hazme sensible a las tácticas y a los ataques del enemigo. Enséñame a estar alerta y ser persistente en mis oraciones por todos los creyentes en todo el mundo, especialmente por mis hermanos y hermanas de la iglesia perseguida. Padre, dame las palabras adecuadas para que pueda explicar con valentía y amor Tu maravilloso plan a todos los que encuentre. Cualesquiera sean las dificultades que puedan surgir o los desafíos, adversidades o dolores que nos afligen, ayúdanos a mis seres queridos y a mí a seguir hablando con osadía por Ti, como deberíamos.

En el nombre de Jesús, te lo pido. Amén.

AL
arrepentimiento

Busquen al Señor mientras puedan encontrarlo;
    Llámenlo ahora, mientras está cerca.
Que los malvados cambien sus caminos
    y alejen de sí hasta el más mínimo pensamiento de hacer
      el mal.
Que se vuelvan al Señor, para que les tenga misericordia.
    Sí, vuélvanse a nuestro Dios, porque él perdonará con
      generosidad.
        —ISAÍAS 55:6-7, NTV

Padre, sé que me estás atrayendo a Tu presencia y me estás llamando a arrepentirme. Algo hay entre Tú y yo, algo que está socavando tanto nuestra relación como mi vida. Ten piedad, oh Dios, al examinar mi corazón y revelar mis pecados. Conforme a Tu misericordia y la grandeza de Tu compasión, muéstrame dónde me he desviado de Tu voluntad para que pueda confesarte mis transgresiones y conocer la libertad de Tu perdón. Hazme limpio delante de Ti para que pueda seguir caminando contigo, Padre.

Señor, espero delante de Ti y escucho. Mientras Tú revelas mi iniquidad, yo lo confieso. Yo he [confiesa tus transgresiones a Dios]. Gracias por mostrarme, por la convicción interna de Tu Espíritu Santo, donde he pecado contra Ti. Quiero obedecerte y caminar de una manera digna de Ti. Por lo tanto, Padre, te pido que me enseñes a liberarme de los patrones de comportamiento y pensamiento que me hacen caer en la tentación. Revela las mentiras que me hacen caer, reemplázalas con Tu verdad y muéstrame cómo caminar en Tu voluntad. Conforme abordes los caminos impíos en mí, te obedeceré, aun cuando no entienda por completo.

Gracias por alertarme de mi pecado, por perdonarme, por limpiar mi corazón y por hacerme conforme a la semejanza del Señor Jesús. Gracias por hacer que vuelva a Tu camino, Padre. Que te honre en todos mis caminos.

En el nombre de Jesús, te lo pido. Amén.

A SERVIR Y USAR
nuestros dones para la gloria de Dios

> *Según cada uno ha recibido un don especial, úselo sirviéndose los unos a los otros como buenos administradores de la multi-forme gracia de Dios. El que habla, que hable conforme a las palabras de Dios; el que sirve, que lo haga por la fortaleza que Dios da, para que en todo Dios sea glorificado mediante Jesu-cristo, a quien pertenecen la gloria y el dominio por los siglos de los siglos. Amén.*
>
> —1 PEDRO 4:10-11

Padre, cuán agradecido estoy de que me hayas salvado, santifi-cado y capacitado para servirte. Sé por Tu Palabra que me has dado dones espirituales, talentos y bendiciones que se usarán en Tu servicio para la edificación de los demás. Señor Dios, me someto a Ti y pongo todo lo que soy en el altar, a Tu disposición. Que mi servicio a Ti sea un acto espiritual de adoración y te exalte por quién eres.

Padre, no conozco todos los caminos que deseas obrar a través de mí. Por tanto, Señor, te pido que me reveles cómo puedo servirles mejor a Ti y a Tu pueblo. Dame discernimiento para saber qué oportunida-des vienen realmente de Ti. Ayúdame a encajar en el cuerpo de Cristo en unidad y dótame de sabiduría sobre cómo ministrar en Tu nombre.

Padre, que mi amor por Ti y por los demás abunde más y más. Ayú-dame a seguir creciendo en conocimiento y entendimiento, centrado en lo que realmente importa, para que pueda vivir una vida pura e intachable delante de Ti hasta el día de la venida de Cristo. Líbrame del orgullo y de todo camino pecaminoso en mí. Por favor, lléname del fruto de la salvación que me has dado, el carácter justo producido por Jesucristo, porque esto te dará mucha gloria y alabanza, nuestro Señor y nuestro Dios.

Señor, sé que Tu poder se perfecciona en la debilidad. Tú decides brillar a través de mis limitaciones para mostrar que el poder sobreabundante viene de Ti y no de mí. Por lo tanto, habrá pruebas, angustias y decepciones. En esos momentos, Padre, te pido que siempre pueda mantener mis ojos en Ti y decir como dijo Pablo: «Por tanto, con muchísimo gusto me gloriaré más bien en mis debilidades, para que el poder de Cristo more en mí. Por eso me complazco en las debilidades, en insultos, en privaciones, en persecuciones y en angustias por amor a Cristo, porque cuando soy débil, entonces soy fuerte» (2 Corintios 12:9-10).

Gracias por Tu Espíritu Santo que mora en mí, que permite que haga lo que sea que Tú me pidas. Ayúdame a entender y confiar en la increíble grandeza de Tu poder que les has dado tan libremente a aquellos que creen en Ti. Este es el mismo gran poder que te levantó, Jesús, de entre los muertos y te hizo sentar en el lugar de honor a la diestra de Dios en los reinos celestiales. Me has dado el poder de la resurrección para servirte. ¡Gracias, Señor!

Jesús, afirmo que estás muy por encima de todos los gobernadores, autoridades, poderes o líderes, no solo en este mundo, sino también en el mundo venidero. Todas las cosas están bajo Tu autoridad, Señor Jesús, y Tú eres la cabeza sobre todas las cosas. Es bueno y justo que me entregue a Ti total y completamente. Así que digo que soy Tu siervo, mi Señor y mi Dios. Dirígeme para Tu gloria. Que mi vida siempre te dé el honor y la alabanza.

En el nombre de Jesús, te lo pido. Amén.

A ACEPTAR UNA
gran oportunidad

Me postraré hacia Tu santo templo,
Y daré gracias a Tu nombre por Tu misericordia y Tu
fidelidad;
Porque has engrandecido Tu palabra conforme a todo Tu
nombre.
En el día que invoqué, me respondiste;
Me hiciste valiente con fortaleza en mi alma.
El SEÑOR cumplirá Su propósito en mí;
Eterna, oh SEÑOR, es Tu misericordia;
—SALMOS 138:2-3, 8

Padre, gracias por ser mi proveedor maravilloso. Nadie podría predecir lo que deseas hacer porque Tus planes están muy por encima y más allá de todo lo que podría pedir o imaginar. Cuán agradecido estoy por la oportunidad que has puesto delante de mí. Sé que viene de Ti, Señor, y reconozco que necesito tener fe en Ti si deseo aferrarme a ella. No permitas que lo dé por hecho; más bien, ayúdame a ver todo lo que deseas que realice mediante ella.

Padre, pongo esta perspectiva y a mí mismo en el altar ante Ti. Que esto no se convierta en un ídolo en mi vida ni en una situación que me tiente al orgullo o a la independencia. No, Señor, esto viene de Ti y es para Tu gloria. Por lo tanto, muéstrame el camino que debo seguir y dirígeme con Tu mirada sobre mí para que pueda caminar de una manera digna de Ti.

Asimismo, Padre, sé que existe la tentación de ver tanto solo lo positivo como solo lo negativo de las situaciones, en lugar de verlas por lo que realmente son. Por lo tanto, ahora en el umbral de esta oportunidad, mientras la emoción llena mi alma, ayúdame a ser sobrio y astuto. Dame sabiduría sobre cómo proceder y qué revelar a los demás. Cuando el camino se haga difícil, Padre, como siempre sucede, confiéreme la capacidad de soportar los desafíos que surjan y cuando el camino por delante se vuelva oscuro y confuso. No permitas que me vuelva negativo, resentido o que me llene de quejas. En su lugar, que los tiempos difíciles se conviertan en oportunidades para confiar en Ti y acercarme más a Ti.

Padre, te ruego que, en todo, mi conversación, mi conducta y mi carácter te exalten. Gracias por obrar a través de mí y por esta oportunidad para Tu gloria. Confieso que hay cierto temor al embarcarme contigo en este viaje. Sin embargo, con valentía y convicción, avanzo para servirte en esta posibilidad, con la convicción de que Tú me capacitas para ello. Soy Tu siervo. Por lo tanto, a Ti, Señor Dios, que eres capaz de hacer mucho más abundantemente de lo que jamás podría pedir o pensar, a Ti sea la gloria en cada situación, circunstancia y oportunidad por los siglos de los siglos.

En el nombre de Jesús, te lo pido. Amén.

A CONTROLAR
nuestra lengua

¿Quién es el hombre que desea vida
Y quiere muchos días para ver el bien?
Guarda tu lengua del mal
Y tus labios de hablar engaño.
Apártate del mal y haz el bien,
Busca la paz y síguela.

—SALMOS 34:12-14

Señor, Tú eres claro en toda la Escritura sobre el impacto de nuestras palabras. Incluso dices: «Muerte y vida están en poder de la lengua» (Proverbios 18:21). Sé, Padre, que tengo una gran responsabilidad de considerar lo que comunico a los demás. Es por eso que el apóstol Pablo nos amonesta: «No salga de la boca de ustedes ninguna palabra mala, sino solo la que sea buena para edificación, según la necesidad del momento, para que imparta gracia a los que escuchan» (Efesios 4:29). Pensar en cómo podría estar declarando vida o muerte a los demás es en efecto importante.

Te pido perdón por haber lastimado a las personas con mis palabras. Hoy las personas dicen lo que sea que sienten sin restricción. Sin embargo, reconozco que eso no refleja Tu sabiduría y es el camino al fracaso seguro. Por lo tanto, por favor, guarda mi boca para que lo que salga de ella te exalte y edifique a los demás. Ayúdame a no hablar deprisa, por enojo o por orgullo. En su lugar, enséñame a medir mis palabras, a ser un pacificador y siempre comunicar la verdad en amor y en humildad. Sé que este cambio empieza en mi corazón a medida que me haces conforme a Tu imagen. A medida que mi corazón es transformado, también lo es el fruto de mi boca.

Por lo tanto, Señor Jesús, santifícame; conviérteme en una persona que declare sanidad y vida a los demás. No permitas que mi objetivo sea atraer a las personas hacia mí, que mis opiniones sean conocidas ni que quiera demostrar lo inteligente que soy. No, Señor, lo importante es llevar a los demás a Ti. Por lo tanto, que mi conversación esté siempre sazonada con gracia para que sepa responder a cada persona que conozca de una manera que te exalte y los aliente. Ayúdame también a testificar sobre Ti para que los demás encuentren la libertad en Tu nombre. Gracias por escuchar mi oración, por transformar mi corazón, por domar mi lengua y por hacer de toda mi vida un testimonio de Tu gracia.

En el nombre de Jesús, te lo pido. Amén.

A

esperar

Hubiera yo desmayado, si no hubiera creído que había de ver
*   la bondad del SEÑOR*
En la tierra de los vivientes.
Espera al SEÑOR;
Esfuérzate y aliéntese tu corazón.
Sí, espera al SEÑOR.

—SALMOS 27:13-14

Padre, gracias por Tus preciosas promesas y por Tus buenos planes para mi vida. Sé que me guías en Tu justicia y sabiduría, y que en el fondo buscas lo mejor para mí en todo lo que ocurre. Tu voluntad es buena, aceptable y perfecta, y puedo confiar en Ti. Señor, estoy muy agradecido de que incluso cuando me llamas a esperar, puedo saber con certeza que no es en vano, sino que es para Tus buenos y amorosos propósitos. Gracias por participar estrechamente en cada detalle de mi vida y por guiarme en Tu tiempo perfecto.

Señor Jesús, confieso que, en estos últimos días, que han surgido circunstancias difíciles, el dolor por el rechazo de mis sueños y deseos me ha conmovido profundamente. Los obstáculos y las presiones pueden llegar a ser abrumadores. A veces, me siento atrapado sin remedio: encarcelado, encadenado y sin esperanza. No obstante, sé que Tú permites solamente las pruebas que pueden fortalecer mi fe, formar mi carácter y profundizar mi relación contigo.

Así que, Padre, ¡te agradezco porque contigo siempre hay esperanza! Seguiré creyendo en Ti. Confío en que Tú puedes ayudarme y lo harás en las situaciones que continuamente presionan mi corazón. Señor, por favor, revela cómo estás actuando a mi favor y lo que deseas enseñarme durante este tiempo de espera. Rodéame y protégeme con Tu amorosa y poderosa presencia, paz y seguridad. Enséñame a sentarme con esperanza ante Tu glorioso trono de gracia, desde el cual me muestras cómo andar en Tus caminos. En todas las cosas, ayúdame a honrarte, a buscar Tu rostro, a obedecer Tus mandamientos, a reflejar Tu carácter, a actuar con fe y a tener motivos puros que te honren.

Gracias por este tiempo de espera, Padre. Es difícil decir eso, pero sé que estás obrando en todas las cosas para mi bien. Definitivamente, veré la realización de Tus promesas si sigo confiando en Ti o hago como Tú me instruyas. Ayúdame a esperar pacientemente ante Ti hasta saber Tu respuesta y, por favor, lléname de valor para seguir Tu voluntad con todo mi corazón, mente, alma y fuerza. A Ti sea toda la gloria, el honor y la alabanza en mi vida y para siempre.

En el nombre de Jesús, te lo pido. Amén.

A

adorar

Vengan, adoremos y postrémonos;
Doblemos la rodilla ante el SEÑOR nuestro Hacedor.
—SALMOS 95:6

¡Señor Dios, cuán digno eres de mi adoración! Me regocijo en Ti y fijo mis ojos en Ti. Jesús, eres mi Señor, mi Salvador y mi Amado. Tú eres el todopoderoso, «el que es y que era y que ha de venir» (Apocalipsis 1:8). Tú eres el «Alfa y la Omega, el Primero y el Último, el Principio y el Fin» (Apocalipsis 22:13). Tú eres mi Abogado. Gracias por ser el autor y consumador de mi fe. Te has sentado «a la diestra del trono de Dios» (Hebreos 12:2) y no solo diriges mi camino, sino también me das todo lo que necesito a lo largo del camino. Toda autoridad Te ha sido dada en el cielo y en la tierra, Señor Jesús (Mateo 28:18). Cuán agradecido estoy de que me contemples con amor, misericordia y gracia.

Jesús, Tú eres el Varón de dolores. Tú conoces el rechazo que siento en mi corazón y me has aceptado, al convertirte en el fundamento mismo de mi vida: eres mi salvación, mi seguridad, mi estabilidad y mi fuerza. Tú eres mi libertador y mi redentor, el Cordero de Dios que fue inmolado desde el principio del mundo. Tú me libras del pecado y la esclavitud, del dominio de las tinieblas, de mis propias limitaciones y «de la ira venidera» (1 Tesalonicenses 1:10). Tú eres el novio, me llenas de alegría por Tu amor y mi unión eterna contigo. Eres el regalo maravilloso, invaluable e indescriptible.

Señor Jesús, Tú eres el buen Pastor. Tú has dado Tu «vida por las ovejas» (Juan 10:11), te has asegurado que tengamos todo lo que necesitamos, nos has conformado, nos has guiado, nos has protegido y nos has preparado una mesa. No merecemos lo mucho que nos cuidas. Gracias porque nadie nos puede arrebatar de Tu mano; tenemos vida eterna por la sangre que derramaste en la cruz. También eres nuestro gran Sumo Sacerdote. Eres el que «trascendió los cielos» (Hebreos 4:14) y estás sentado a la diestra del trono de la gracia e intercedes por nosotros y nos ayudas en nuestro tiempo de necesidad.

Jesús, Tú eres el pan de vida. Quienquiera que venga a Ti nunca tendrá hambre y quienquiera que crea en Ti nunca tendrá sed. Gracias por llenarme, por proveerme lo que es bueno y por deleitarme con Tu abundancia en espíritu, alma, cuerpo, corazón y mente. Eres el Hijo amado de Dios. Tú has agradado al Padre; enséñame a lograr eso también. Tú eres el camino, la verdad y la vida. Tú eres la poderosa Palabra de Dios, que habla, crea, guía y sacia.

Tú eres la Luz del mundo. Debido a Tu presencia conmigo a través de Tu Espíritu Santo que mora en mí, nunca tendré que andar «en tinieblas», sino que tendré «la Luz de la vida» (Juan 8:12). Eres mi consolador y el Poderoso que me defiende. Eres el que me libra de cada problema y tentación, de todo lo que obstaculice la abundante vida que me has dado. Eres mi esperanza, mi paz, mi roca, mi refugio y mi protección.

Eres la cabeza de la iglesia y todas las cosas están bajo Tus pies. Dotas a Tus hijos de dones para nuestra mutua edificación. Nos das todas las bendiciones espirituales, propósito, unidad, y nos guías en el camino que debemos seguir. Tú permites que Tus siervos «hablen Tu palabra con toda confianza, mientras extiendes Tu mano para que se hagan curaciones» (Hechos 4:29-30). Nos capacitas para caminar en Tu voluntad y permites que seamos Tus ministros de reconciliación.

Eres fiel y verdadero; cumples todas Tus promesas. Tú eres el gran Yo Soy y Emmanuel: «Dios con nosotros» (Mateo 1:23). Tú eres nuestro Juez confiable, misericordioso y justo y el Rey de reyes, el Señor de señores y el Soberano sobre todas las cosas. Toda la autoridad, el honor, el poder y la adoración se deben a Tu santo y precioso nombre. Eres el León de la tribu de Judá, la Raíz de David. Has «vencido para abrir el libro y sus siete sellos», al traer justicia al mundo y proclamar lo que es legítimamente Tuyo (Apocalipsis 5:5).

Tú eres el Creador supremo de todas las cosas que existen. En Ti «fueron creadas todas las cosas, tanto en los cielos como en la tierra, visibles e invisibles; ya sean tronos o dominios o poderes o autoridades; todo ha sido creado» por medio de Ti y para Ti porque Tú eres «antes de todas las cosas», y en Ti «todas las cosas permanecen» (Colosenses 1:16-17). Tú eres el vencedor, el Mesías resucitado, la resurrección y la vida. Eres nuestro Admirable Consejero, Dios Poderoso, Padre Eterno y Príncipe de Paz.

¡Tú eres Señor de todo! Por esa razón, Tu nombre, Jesús, está por sobre todos los nombres. A Tu nombre, precioso Salvador, un día, se doblará toda rodilla, de aquellos que están en el cielo y en la tierra y bajo la tierra, y cada lengua confesará que Jesucristo es el Señor, para la gloria de Dios el Padre. ¡Solo Tú eres digno de mi amor, mi honor, mi poder, mi lealtad, mi alabanza y mi adoración ahora y para siempre! Gracias por darte a conocer a mí. Que mi vida te traiga alabanza.

En el nombre de Jesús, te lo pido. Amén.

A NUESTRO HOGAR
en el cielo

Tú eres mi refugio.
En tus manos encomiendo mi espíritu;
líbrame, SEÑOR, Dios de la verdad [...]
Por mi parte, confío en ti, SEÑOR.
—SALMOS 31:4-6, NVI

Padre, nadie sabe la hora ni el día en que nos llamarás a Tu hogar, pero percibo que mi hora se acerca. Gracias, Jesús, por la gran salvación que me has dado y la esperanza abundante que tengo a medida que el momento en que te veré cara a cara se acerca. No tengo ninguna razón para temer porque sé que has preparado un lugar para mí para que pueda estar contigo para siempre.

Sin embargo, a medida que mi hora se acerca, Padre, ayúdame a decir lo que tengo que decir a mis seres queridos. Permite que todo amor sea expresado, que todo conflicto sea resuelto, que todo perdón sea concedido y que todo ánimo o agradecimiento sea dicho. Consuélalos, Señor Jesús, y que acudan a Ti en su dolor y a medida que se adaptan. Para aquellos que no te conocen como Salvador, te ruego que acudan a Ti, confiesen que te necesitan y que se aferren a la redención que les has dado libremente. A mis seres queridos que profesan su fe en Ti, recuérdales de la esperanza que tienen, que nos veremos otra vez y estaremos juntos por la eternidad por Tu provisión en la cruz.

Jesús, en Tus manos encomiendo mi espíritu con paz y gozo. Cuánto anhelo contemplar Tu maravilloso rostro y caer a Tus pies en adoración. Recíbeme, Señor. Gracias por la vida que me has dado en esta tierra. Gracias por las formas en que me has permitido servirte. Gracias también por el hogar eterno que me das en el cielo.

En el nombre de Jesús, te lo pido. Amén.

DEL CORAZÓN DEL **PASTOR**
UNA CARTA MENSUAL DEL DR. CHARLES STANLEY

El Dr. Charles Stanley es un maestro de teología muy querido que se ha dedicado al ministerio pastoral por más de 50 años. Reciba su carta mensual para profundizar en temas de la fe. Su conocimiento doctrinal le fortalecerá, y se sentirá animando a crecer y motivado a perseverar.

SUSCRIPCIÓN
GRATUITA
IMPRESA O DIGITAL

LLAME O VISITE NUESTRO SITIO WEB PARA SUSCRIBIRSE

1-800-303-0033 | ENCONTACTO.ORG

PERMÍTANOS
orar por usted.

¿Ha experimentado la bendición de la oración contestada?
Nosotros sí, y queremos compartirla. Permítanos estar a su
lado con fe, esperanza y amor, sabiendo que Dios escucha.

**LLÁMENOS EN CUALQUIER MOMENTO.
SERÁ UN HONOR ORAR POR USTED.**

1-800-303-0033

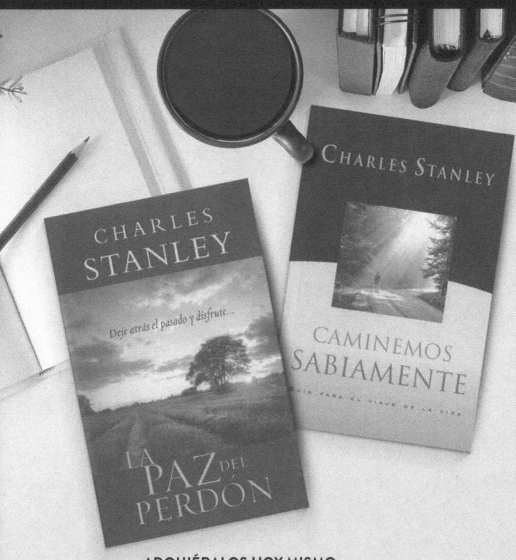